JN101723

STANDARD スタンダード

建築構造力学

著 | 竹脇 出
新谷 謙一郎

学芸出版社

まえがき

　本書は、力の釣合いを基本として、それを繰り返し利用することにより、静定構造から不静定構造までを一冊で解説するものである。全体は構造力学Ⅰ～Ⅲの3つの区分で構成され、二級建築士の試験対策には構造力学Ⅰ・Ⅱまでを学習すればよく、構造力学Ⅲの範囲は一級建築士の受験者や構造力学をさらに詳しく学びたい学生や技術者のために書かれている。

　高校では数学の行列を勉強していないことを考慮して行列表現は用いていない。さらに、微分・積分の表現は、構造力学Ⅰ・Ⅱの範囲では、断面力および断面諸量の定義、たわみの別解法（微分方程式を積分する方法）以外は必要最小限にとどめている。断面力および断面諸量の定義については、積分表現を十分に理解していなくても関連問題を解く際に支障は生じない。たわみの別解法についても、モールの定理を用いた方法を理解することで問題は生じない構成としている。また、柱の座屈に関しては、多くの教科書が公式のみを提示しているのに対して、本書では誘導的に説明し（微分方程式に不慣れな読者は読み飛ばしていただいても問題はない）、座屈現象の安定・不安定についてもエネルギー的考察から説明している。

　一方、構造力学Ⅲの不静定梁の解法では、構造力学Ⅱのモールの定理（静定梁の力の釣合いのみ利用）を用いて、あくまで力の釣合いだけから答えが導き出せるように工夫している。さらに、塑性極限解析については、力の釣合いと仕事（力×変位）の概念さえ理解していれば解くことが可能となっている。すなわち、これまで難解と思われていた不静定構造物の解析がほぼ力の釣合いだけから理解できる内容としている。

　また、これまでの教科書の多くが、各種概念の定義についてまず述べた後に計算例を示すことでそれぞれの概念を理解するように構成されているのに対して、本書では各項目を4ページ単位で区切り、基本的かつ重要な計算例を通じて各テーマや概念を理解できるような構成としている。これは、著者が学生時代に感じた疑問を分析し、どのようなアプローチが読者の理解を促進させるかについて熟慮した結果に基づいている。例えば、断面内の応力分布の説明を行う際に、断面諸量について最初に網羅的に定義を提供しても、なぜそのような諸量の導入や定義が必要なのかが理解できない。本書で採用している、各項目4ページ構成の計算例を通じた各テーマや概念の解説は、そのような状況に陥らないことを目指している。

　さらに、本書では、半期15回の授業を想定し、1～15項を構造力学Ⅰ、16～30項を構造力学Ⅱ、31～45項を構造力学Ⅲと区分している。教員の方々には、ご自身の教授項目に即して項立てを活用いただきつつ、必要に応じて自由に順序変更していただけると幸いである。

　本書が、建築構造力学を学ぶ学生や技術者にとって大きな手助けとなることを願っている。

2023年3月

竹脇　出

目次

練習問題の解答につきましては、詳細な解説を下記URLよりご覧いただけます。
https://book.gakugei-pub.co.jp/gakugei-book/9784761528416/#training

01 建築設計における構造設計の役割

1 構造設計の位置づけとその役割

　建築は英語では Architecture という。Architecture にはいろいろな意味があり、あるときは建築物や建築物を実現する過程全体を、あるときは建築学の分野全体や建築技術を表す。建築は人類が外界の気象変化から自身を守り、健康的に住むために必要な人工物として発展してきた。また、建築は学術・技術・芸術から構成されるともいわれ、他の工学分野とは一線を画する領域を形成している。

　建築物をつくる際には、一般に施主が設計者に設計を依頼し、設計者は計画・設計が完了した後に、あるいはその途中から施工者に施工を依頼する。建築設計とは、このような建築物の実現に必要な行為の過程全体を指すが、狭い意味では施工前の計画・設計を指す。

　次に建築設計における構造設計（Structural Design）の役割について考えてみよう。多くの建築設計では、意匠設計が構造設計に先んじて行われるが、途中からあるいは最初の段階から構造設計が部分的に計画や設計に関与することもある。特に、構造的に難しい計画・設計を意匠設計者が考えた場合や、地形的・自然現象的な条件が複雑な場合には、必然的に構造設計者が建築の計画・設計に参画することもある。その具体的な例として、設計者が柱のない大スパンの無柱空間を計画したとしよう。それを構造的に実現する方法としては、地震等の力を集中して受け持つ構造要素を特定の位置に配置するコアシステム（図1(a)）、外部架構に柱を密に配置して内部の柱を取り去るチューブ構造（図1(b)）、数層ごとに変形しにくい架構を設けるメガフレーム構造（図1(c)）などが考えられる。これらの構造形式は外部から見えるものと見えないものに分けられるが、構造設計者が意匠設計者との協議を通じて実現されることとなる。

　最近では、構造デザインという領域が注目を集めており、建築設計に構造の考えが大きく影響を及ぼすこともある。日本国内外において、奇抜な形状や構造形式を採用した建物が数多く建設されるようになり、社会的な影響もますます大きくなっている。

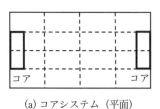

(a) コアシステム（平面）

(b) チューブ構造（平面）　　(c) メガフレーム構造（立面）

図1　特徴的な構造形式

　建築物の芸術的側面は人々の生活や人生を豊かなものとする上で特筆すべきものであるが、同時に設計者は耐用年限中に遭遇する地震や風等に対して安全性を担保する重大な役割も担っている。意匠設計では、「こんな建物がほしい」という建築主の願いを実現するために建物を計画・設計するが、構造設計は構造形式や構造種別を与えて安全な構造を実現する。そのためには、外力の設定や応力解析（構造物内部に生じる力や変形を求めること）、構造計算を正確に行う必要がある。このような構造に関する総合的な設計を行うことが構造設計の役割である。構造設計の基盤をなす領域を構造工学（Structural Engineering）と呼び、構造工学の重要な領域として構造力学（Structural Mechanics）がある。

２ 建物に作用する外力とそれに抵抗する仕組み

　建物は重力の作用を受ける。そのため、図2(a)に示すような鉛直力の作用を常時受けている（常時荷重という）。これに加えて、台風や地震が発生した場合には、図2(b)に示すような付加的な力を受ける（非常時荷重という）。この付加的な力は、建築物の形態により変化する。例えば、**高層の建物では主として水平方向の力を受ける**が、**大スパンの建物では主に鉛直方向の力を受ける**ことになる。

　このような外力に対して**抵抗する仕組み**として、図3に示すような部材の伸縮に関する圧縮・引張や、部材の横方向の変形や曲げに関するせん断・曲げ等がある。これらの抵抗作用を用いた構造として、圧縮を受ける部材から構成される「**アーチ構造**」、主として引張を受ける部材から構成される「**吊り構造**」、引張と圧縮を受ける部材から構成される「**トラス構造**」、部材の曲げ・せん断により抵抗する梁と柱から構成される「**ラーメン構造**」などがある。

３ 構造設計が目指す性能

　常時あるいは小さな外力のもとでの使用性能（使用性という）や大きな外力のもとでの安全性に対する要求を満足するように建築物の各部材の種類やサイズを選定する過程を構造設

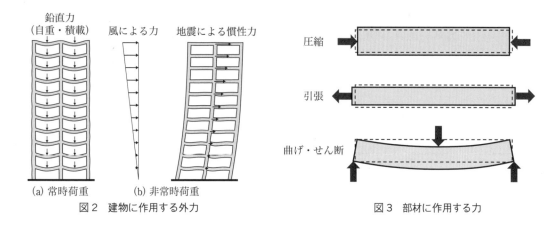

鉛直力
（自重・積載）　風による力　地震による慣性力

圧縮

引張

曲げ・せん断

(a) 常時荷重　　　(b) 非常時荷重
図2　建物に作用する外力

図3　部材に作用する力

計と呼ぶ。構造設計では、常時あるいは小さな外力に対して十分な変形しにくさ（剛性）が求められ、大きな外力に対しては倒壊や崩壊を起こさない十分な抵抗力（耐力）と変形する能力（ねばり）を有することが要求される。最近では、建築主と性能について協議した上で構造設計を行うケースも増えている。構造設計を行う技術者の中には、建築家と協働設計する「構造家」と呼ばれる技術者も存在する。

４ 構造設計で必要となる理論

　高校の物理では、主として質点や剛体の力の釣合いや運動について学ぶが、高等専門学校や大学の建築構造では、建築物が力を受けたときの変形や内部に生じる応力（単位面積あたりの力）を求め、それらが上記の使用性や安全性を満たすかどうかを検討することになる。その原理と手法を学ぶための科目が建築構造力学である。その始まりは16世紀のガリレオ・ガリレイに見出され、その後多くの研究者・技術者によって大きく発展させられてきた。

　建築物を構成する主たる材料は、鋼、コンクリート、木材、ガラス等である。これらの材料は、小さな力が作用する範囲では力と変形の間に線形の関係（比例関係）が存在するが、ある程度大きな力が作用すると限界（降伏応力や強度と呼ばれる）に達する。また、細長い部材では、材料としては限界に達していなくても、外部からの力に耐えられず大きく変形する現象も存在する。18世紀にレオンハルト・オイラーによって明らかにされた「座屈」と呼ばれる現象である。

　一方、比較的低層でスパンの長さが短い建物では、外力を静的なものと見なして解析を行う場合が多いが、高層あるいは大スパンの建築物などでは、時間とともにどのように振動するかを解析して建物の動的な動きに関する性能を検討することが必要となる。

５ 高さへの挑戦

　建築物の設計では、高さや広がりの限界に対する挑戦が行われることも少なくない。それが技術の進歩に貢献したともいえる。図4に示す東京スカイツリー（2012年竣工、634m）やあべのハルカス（2014年竣工、300m）、横浜ランドマークタワー（1993年竣工、296m）などの超高層構築物・建築物は高さへの挑戦ともいえる。高さへの挑戦では、低層部の柱に大きな圧縮力が作用するとともに、地震や強風により建物を転倒させようとする大きな作用（モーメントという）が働く。これらの力やモーメントに耐えるには、使用する材料として軽量で高強度のものが望まれる。東京スカイツリーでは、上部構造には主として鋼材トラスが使用され、軟弱な地盤に対しては鋼材やコンクリートを用いた頑強な基礎構造が採用されている。日本に存在する建築物で最も高いものはあべのハルカスや横浜ランドマークタワーであるが、このクラスになると設計時の地震荷重と風荷重がほぼ同じレベルの大きさとなる。

❻ 広がりへの挑戦

　一方、大スパン構造は広がりへの挑戦ともいえる。大スパン構造では、自重や積載荷重（設備・什器等による荷重）などの鉛直荷重に対して、どのようなシステムを採用するかが構造設計者の腕の見せどころとなる。通常、屋根面が平面となる大スパン構造では、中央付近に大きな曲げモーメントと呼ばれる作用が発生する。このとき、中央付近の下側には大きな引張力が生じ、上側には大きな圧縮力が生じる。例えば、表1に示すような名古屋ドームや福岡ドームなどで採用されているラチス構造（図5(a)）では、屋根面を上に凸の曲面とすることにより、主として部材の圧縮力により鉛直荷重に抵抗している。このような構造では、先述の座屈が生じないような工夫が必要となる。一方、東京ドームなどの空気膜構造では内部に圧力をかけることにより膜材を膨らませ、それを引張力が作用するワイヤーで押さえる構造となっている。また、代々木体育館のケーブル構造や吊り構造（図5(b)）は、主材に作用する引張力を支柱と呼ばれる大きな柱により支える構造である。

(a) 東京スカイツリー　　(b) あべのハルカス　　(c) 横浜ランドマークタワー

図4　超高層構築物・建築物の例（図(c)の撮影者：三輪晃久写真研究所）

表1　大スパン構造の例

建物名称	構造形式
名古屋ドーム	単層ラチス
福岡ドーム	開閉式屋根
東京ドーム	空気膜
代々木体育館	ケーブル構造、吊り構造

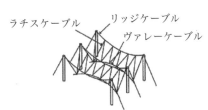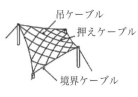

(a) ラチス構造　　　　　　　　　(b) ケーブル構造・吊り構造

図5　大スパンを実現する構造の例（出典：日本建築学会『構造用教材［デジタル版］』2014年、p76、77）

02 建築構造力学の基本事項

❶ 建物のモデル化

　力の釣合いは安定な構造物を実現する上で重要な条件であるが、それだけで安全で機能的な建物を設計できるわけではなく、内部に生じる力や変形（変形の計算については23～28、39、40項で説明）について詳細に検討する必要がある。内部に生じる力は材料の限界値を超えないように、また変形は安全性や建築空間としての機能性を損なわないようにしなければならない。建物に生じる変形や応力（断面に垂直な「垂直応力」と平行な「せん断応力」がある。断面内の応力分布については19～22項で説明）を解析するには、建物を数理的に扱うことができるモデルに置換する必要がある。この過程をモデル化と呼んでいる。

　解析の方法が精緻でもモデル化が妥当でなければ、構造物の安全性は確保できない。さらに、構造物が地盤や基礎に支えられている条件（境界条件）や作用する荷重も適切にモデル化する必要がある。例えば、横移動や回転が拘束された支持条件を固定支持、横移動のみ拘束されたものをピン支持、一方向の横移動のみ拘束されたものをローラー支持と呼ぶ（図1）。また、支持点には外力の作用に対して反発力（反力という）が生じる。反力の求め方については、06、07項で解説する。現実の世界では、必ずしも理想的な支持条件が実現されることはなく、それらに近いものとなる場合も多くある。建築物の変形や内部に生じる応力は変位の境界条件に大きく影響されるため、適切なモデル化が重要となる。また、荷重は一般に安全性の観点から実際よりも少し大きめに設定されることが多い。しかし、科学的な知見をもとに、その超過の割合を可能な限り小さくすることが合理的な設計を行う上で重要となる。

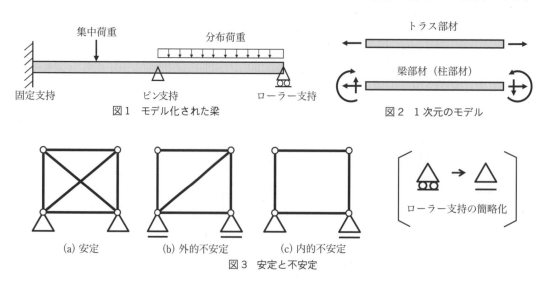

　建築物は３次元の構造物であるため、一般的には３次元でモデル化する必要がある。しかし、１次元や２次元的な取り扱いが良い精度で可能となる場合がある。例えば、細長い棒材（梁や柱）、あるいは壁や床等である。前者については、部材長方向の座標に関する１次元の部材として考え（04項）、後者については、面のサイズに比べて厚さが薄いという特徴を利用して２次元的に扱うのが一般的である。また、１次元の部材を梁と柱としてつなげたものとして先述のラーメンがある（05項）。３次元での取り扱いよりも１次元・２次元での取り扱いの方が理論的にも数値解析の労力においても簡便であり、これまでに種々の仮定に基づく理論や解析方法が提案されている。次に、１次元のモデルについて見てみよう。

2 １次元のモデル（トラス・梁・柱）

　１次元のモデルには、図２のような引張と圧縮に抵抗するトラス部材（16〜18項で説明）や、引張と圧縮に加えて「曲げ」の作用を受ける梁部材や柱部材のモデルがある。１次元のモデルでは、材軸に垂直な断面に作用する先述の垂直応力とせん断応力の合力（合モーメント）として断面力が定義される（断面力については08〜13項で説明）。断面力には、軸方向力、せん断力、曲げモーメントがある。

3 安定と不安定

　構造物の外力に対する抵抗を支持条件と内部変形に分けて考える。内部の変形を拘束したときに、外力に対する変位が一意に定まる（無限に動き続けない）構造物を外的に安定な構造物、そうでない場合を外的に不安定な構造物という。また、構造物全体の剛体変位以外の構造物の変位が一意に定まるような構造物を内的に安定な構造物、それ以外の場合を内的に不安定な構造物という（図3）。これについては14、15項で詳述する。

4 静定と不静定

　１次元の部材やそれらから構成される構造物について、外的にも内的にも安定なものの中で、すべての断面力や反力が力の釣合いだけから求められる構造物を静定構造物（Statically Determinate Structure）と呼び（図4(a)）、力の釣合いだけから求められない構造物を不静定構造物（Statically Indeterminate Structure）と呼ぶ（図4(b)）。平面内に存在する構造物では、全体の力の釣合い式は３個存在する（並進２方向の釣合いとある点回りのモーメントの釣合い）。Statics は英語で静力学を表し、Statically Determinate とは力の釣合いだけで反力や断面力が決まることを意味している。反力に関係する拘束の中で、その拘束を取り除くことにより静定構造物にできるときの拘束数を不静定次数と呼ぶ。図4(b)の例では、4(反力の数)−3(釣合い式の数)＝1が不静定次数となる。これについても14、15項で詳述する。

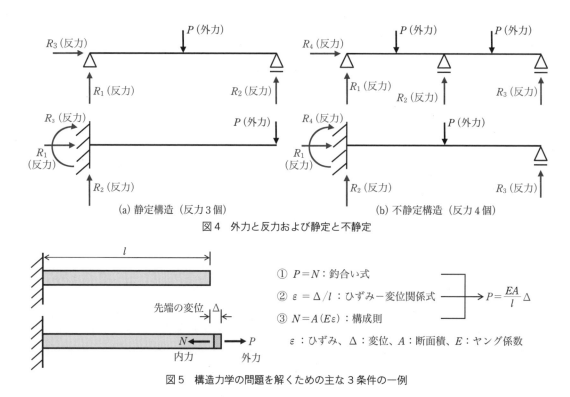

(a) 静定構造（反力3個）　　　　　　　　(b) 不静定構造（反力4個）

図4　外力と反力および静定と不静定

① $P=N$：釣合い式
② $\varepsilon=\Delta/l$：ひずみ－変位関係式
③ $N=A(E\varepsilon)$：構成則

$\left.\begin{array}{l}\end{array}\right\} \to P=\dfrac{EA}{l}\Delta$

ε：ひずみ、Δ：変位、A：断面積、E：ヤング係数

図5　構造力学の問題を解くための主な3条件の一例

5 構造力学の問題を構成する主な3条件

　構造力学の問題では、①力の釣合い、②変形の適合条件、③材料構成則の3条件が重要となる。一例として、図5に示す先端において軸方向の荷重を受ける一様断面の弾性直線棒について考えると、先端における荷重Pと内力である軸方向力Nは①の力の釣合いを満足している（$P=N$）。一方、②の変形の適合条件として、内部に生じる軸方向ひずみε（伸び／長さ）と先端の変位Δはひずみ－変位関係式$\varepsilon=\Delta/l$を満足している。また、内部に生じる軸方向の垂直応力σは、軸方向ひずみεと③の材料構成則（ここではフックの法則$\sigma=E\varepsilon$）を満足している。これらの条件から、先端に作用する荷重と変位の関係式$P=\dfrac{EA}{l}\Delta$が導かれる。

　構造力学の問題では、どのように未知量を扱うかにより種々の解法が存在する。静定構造物では、①の力の釣合い条件から断面力や反力がすべて求められ、②の変形の適合条件と③の材料構成則から変形が求められるのに対して、不静定構造物では、①と②に現れる量の中での未知量の取り扱いにより解析法に違いが生じる（**31**～**34**項で説明）。また、③の材料構成則として弾性や塑性（作用している力を除去しても変形が元に戻らない現象）等のルールを採用することにより、種々の材料から構成される部材や構造物の解析が可能となる。

6 力と変位の指定条件

　構造力学の問題では、すべての点において、力（荷重や反力）が与えられているか、変位

が与えられているかのいずれかである（図6）。ある点で両者が同時に与えられる、あるいは両者とも与えられないという問題は存在しない。このことは、力あるいは変位を未知量とする構造解析の問題において必要な式の数が保証されるという意味で重要な条件である。

❼ 自由体図の利用と重ね合わせの原理

　変形する構造物を扱う構造力学の問題では、構造物のどの部分についても力の釣合いが成立している必要がある。このような力の釣合いをわかりやすく理解する方法として自由体図を用いた方法がある(図7)。構造物からある部分を仮想的に切りとり、「その他の部分から自由になったもの」という意味で自由体という名前が用いられている。構造物内部からある部分を自由体として取り出すと、自由体はその他の部分に力を及ぼし（図7の黒矢印）、逆にその他の部分からこの自由体には作用・反作用の法則により逆向きの力が作用していると考えられる（図7の赤矢印）。自由体図を用いた方法は単純な方法といえるが、物体に作用する力を視覚的に理解し、間違いを避けるという意味で極めて有効な方法といえる。

　また、線形弾性構造物（フックの法則に従う材料で構成され、微小変形の仮定に従う支配式が線形の式で表現される構造物）では重ね合わせの原理が成り立つ。微小変形の仮定とは、荷重により構造物が変形した際に、変形する前の状態で力の釣合いを表現できる程度の微小な変形を扱うことを意味する。複数の荷重を受ける線形弾性構造物では、個々の荷重に対する変形や応力を求め、それらを重ね合わせればよい（図8）。

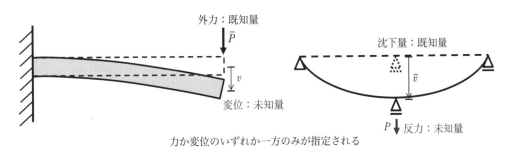

力か変位のいずれか一方のみが指定される

図6　力と変位に関する既知量と未知量の関係

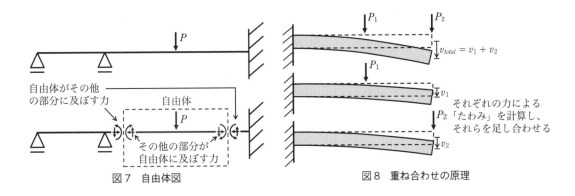

図7　自由体図

図8　重ね合わせの原理

03 力とモーメント

　建物の構造設計を行う際には、常時あるいは地震や強風が発生したときの非常時に建物にどのような力（荷重）が作用するかを考える必要がある。常時には重力、地震時には慣性力、強風時には風圧力が作用する。建物には、点への集中荷重や単位長さや単位面積あたりの分布荷重が作用し、作用する力と建物モデルの関係をもとに力を合成したり分解したりする必要がある。また、必要に応じて異なる形態の力に置換する必要もある。まずは、力の合成・分解・置換について見てみよう。

1 力の単位

　力の単位は N（ニュートン）で表され、1N は 1kg の質量の物体に 1m/s^2 の加速度を生じさせる力と定義されている。地球上に存在する物体には重力が作用しており、重力加速度を $g = 9.8\text{m/s}^2$ とすると、質量 $m = 1\text{kg}$ の物体には $mg = 9.8\text{N}$ の重力が作用していることになる。

2 力の3要素

　力は、大きさ・作用点・方向（向き）の3要素で表され、ベクトルで図示することができ

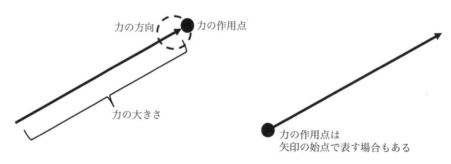

図1　力の3要素

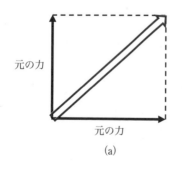

図2　2つの力の合成

る（図1）。力の作用点は矢印の先端あるいは始点のいずれかで表すが、本書では多くの場合、矢印の先端を作用点としている。両者の間には、力の作用効果に差が出ない場合が多いが、局所的な挙動では差が出る場合もあるため、注意が必要である。

③ 力の合成

　力の合成は、ベクトルの合成として理解できる。図2(a)では元の2つの力が水平と鉛直の直交する座標軸の方向に存在するため、合成した力は長方形の対角線となる。一方、図2(b)では元の2つの力が斜め方向の直交しない座標軸の方向に存在するため、合成した力は平行四辺形の対角線となる。なお、図2では作用点を始点とした場合の図を示しているが、作用点を矢印の先端とした場合でも同様の方法で合成できる。

　図2の例では、2つの力が1点で交わっているためベクトルの合成が可能である。それに対して、平行な2つの力を合成するには、大きさを足し合わせ、作用点としては2つの力の重心に作用させる必要がある。この平行な力の合成法はバリニオンの定理と呼ばれ、ある点回りの力のモーメント（後述）が等しくなるように合成することを表している（図3）。

④ 力の分解

　次に力の分解について見てみよう。建物に斜め方向の力が作用する場合には、建物や部材の方向に沿う方向と直交する方向に力を分解すると扱いやすい。図4に力の分解の例を示す。

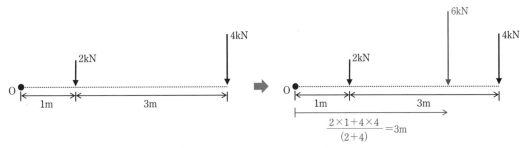

図3　平行な2つの力の合成（バリニオンの定理）

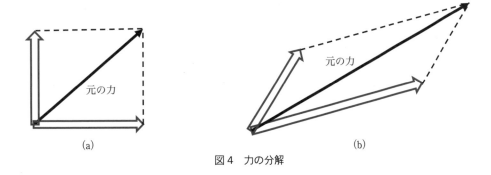

図4　力の分解

なお、図4では作用点を始点とした場合を示しているが、作用点を矢印の先端とした場合でも同様の方法で分解できる。図4(a)では、水平と鉛直の直交する座標軸の方向に分解している。また、斜め方向に作用する力を分解する際には、三角比を用いることが多い。図5に、その代表的な例を示す。一方、図4(b)では斜め方向の直交しない座標軸の方向に分解している。この場合には、分解する方向について、元の力が平行四辺形の対角線となるように平行四辺形の2つの辺として力を分解する。

5 力の置換

　次に、分布荷重を力学的に等価な集中荷重に置換する方法とその例を示す。分布荷重とは部材の単位長さあたりに作用する力を表し、kN/m などの単位で表される。等価な集中荷重の大きさは分布荷重の面積から求められ、作用位置は重心となる。作用位置については、前述のバリニオンの定理を分布荷重に拡張した方法を用いて求めることができる。図6に、等

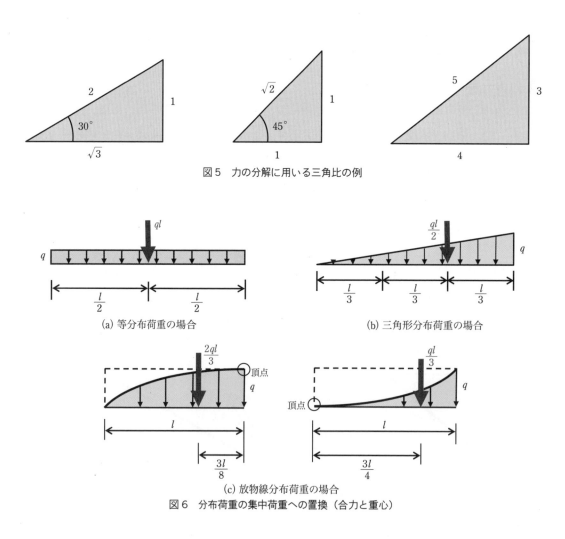

図5　力の分解に用いる三角比の例

(a) 等分布荷重の場合　　　　　　　　(b) 三角形分布荷重の場合

(c) 放物線分布荷重の場合

図6　分布荷重の集中荷重への置換（合力と重心）

分布荷重、三角形分布荷重、放物線分布荷重の置換例を示す。重心位置は、等分布荷重ではその中央に、三角形分布荷重では端点から 1/3 または 2/3 の位置に、放物線分布荷重では端点から 3/8 または 3/4 の位置に存在する。また、放物線分布荷重の合力（面積）は対応する等分布荷重の 2/3 または 1/3 となる。

6 力のモーメント

　これまでは力そのものを扱ってきたが、次は力のモーメントについて見てみよう。力のモーメントとは物体を回転させる力のことであり、平面に存在する構造物が釣合うには、2 方向の力の釣合いとともに、任意点に関する力のモーメントの釣合いが成り立つ必要がある。この力のモーメントとは、図 7 に示すように、力の作用線とモーメントを考える点（ここでは O 点）との距離を求め、力の大きさ×距離で定義される。単位は、力の単位と距離の単位をかけ合わせた kNm、Nm などのように表される。また、力のモーメントには、右回り（時計回り）と左回り（反時計回り）の 2 つの向きが存在する。なお、図 7 では、図 2、4 とは異なり、力を分解する際の力の作用点は矢印の先端としている。

　構造物全体の 2 方向の力の釣合いは方向を決めれば一意に記述できるが、力のモーメントの釣合いはどの点回りのモーメントを考えるかによって無限に存在する。ある点回りの力のモーメントの釣合いが成立しているとその他の点でのモーメントの釣合いも成立することになる。

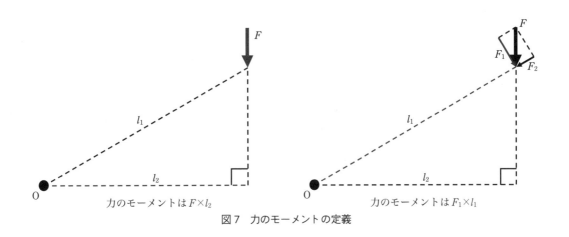

図 7　力のモーメントの定義

04 単純化されたモデル①
単純梁、片持梁

　建築構造力学を学ぶ上で最も単純なモデルとしては、図1に示すような単純梁と片持梁が挙げられる。梁を支えるには支持機構が必要であり、単純梁はピン支点とローラー支点からなる単純支持機構、片持梁は固定支点（固定端）を有する片持支持機構で構成されている。それぞれの支点には、外力の作用に対して動きが拘束されている方向に「反力（あるいは反力モーメント）」と呼ばれる反発力（あるいはモーメント）が生じる。

■1 3つの支点

①ピン支点（△）：水平・鉛直方向の移動に対して抵抗し反力を生じるが、回転方向には抵抗しない。したがって、回転方向の反力モーメントは0。

②ローラー支点（△）：鉛直方向の移動に対して抵抗し反力を生じるが、水平・回転方向には抵抗せず、水平反力と回転方向の反力モーメントは0。

③固定支点（固定端）（⫤）：水平・鉛直・回転方向の移動に対して抵抗し、水平・鉛直方向の反力および回転方向の反力モーメントを生じる。

　伝統木造建築や大空間を有する建築には単純梁の形式がしばしば用いられている。そのような建物では室内を覆うために2つの支点の間に梁をかけ渡すことが有効であり、単純梁や端部で一部を拘束された梁などが使用されている（図2）。また、橋にも橋梁と呼ばれる単純梁や後述するゲルバー梁（06項）などが用いられている。片持梁では、一方に支持点がないため空間を有効に利用できるメリットがあり、ベランダや競技場の屋根等に用いられている（図2）。さらに、大スパンの空間に梁を架けるために、下方に引張材を入れて上の梁を持ち上げる張弦梁と呼ばれる構造形式も最近ではよく用いられている。

■2 1次元棒材の理論

　実在する構造物は3次元構造物である。その中でも、1方向の長さに比して直交する他の2方向の長さが小さい場合には、図3のように長い部材長方向の1次元の部材として取り扱うと便利である。このような取り扱いを行う構造物を「1次元棒材」と呼び、それを取り扱う理論を「1次元棒材の理論」と呼ぶ。本書で取り扱う構造物は、このような1次元棒材の理論が適用できる構造物に限定する。なお、部材長に対して断面せいが約1/10よりも小さければ、このような1次元棒材として取り扱うことができる。

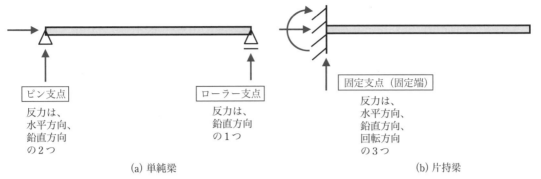

(a) 単純梁   (b) 片持梁

図1 　3つの支点とそれぞれに生じる支点反力

(a) 単純梁（駅舎）   (b) 片持梁（競技場）

図2 　単純梁と片持梁の使用例

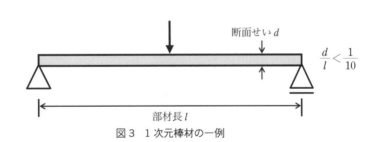

図3 　1次元棒材の一例

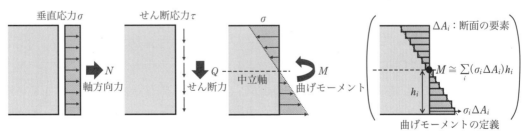

図4 　断面に作用する応力と断面力

3 応力と断面力

　1次元棒材の理論に従う梁の断面では、断面内の応力（単位面積あたりに作用する力で、向きに応じて断面に垂直な垂直応力と断面に沿うせん断応力の2つがある）が存在し、その分布やある軸回りのモーメントを断面内で積分することにより、図4のような断面力（軸方向力 N、せん断力 Q、曲げモーメント M）が定義される（08項で詳述）。「曲げモーメント」とは、軸方向力が0のときに、垂直応力（および単位長さ当たりの伸びを表すひずみ）が0となる軸（中立軸と呼ぶ）回りに垂直応力のモーメントを考え、それを断面内で積分したものである。垂直応力は材料の伸縮に関係する応力であり、ギリシャ文字の σ（シグマ）で表す。垂直応力の分布については 20、22 項で説明する。一方、せん断応力ははさみで物を切断するときなどに生じるせん断という動きに対応する応力であり、ギリシャ文字の τ（タウ）で表す。せん断応力の分布については 21 項で説明する。なお、本書でいう応力を「応力度」、断面力を「応力」と呼んでいる書籍もあるが、本書では単位面積あたりに作用する力を「応力」、それを断面内で積分した合力や合モーメントを「断面力」と呼ぶこととする。

4 3つの釣合い式

　安定な平面構造物では、水平方向、鉛直方向、ある点回りの回転に関する3つの釣合い式が成立しなければならない。そのため、支点から構造物に作用する反力の数が3つであれば、釣合い式のみから支点反力が求められる。そうした釣合い式のみから支点反力が決定できる構造を静定構造（14、15 項で詳述）といい、単純梁と片持梁はこの条件を満たしている。

　建築構造力学を学ぶ上で重要なことは、以下の3つの釣合い式を適切に導くことである。

〈重要〉

安定な平面構造物で成り立つ3個の釣合い式

・X 方向（水平方向）の力の釣合い（以下では、$\sum X = 0$ と表記する）

・Y 方向（鉛直方向）の力の釣合い（以下では、$\sum Y = 0$ と表記する）

・ある点回りの力のモーメントの釣合い（以下では、x 点回りの場合、$\sum_x M = 0$ と表記する）

　なお、それぞれの正の向きは、右向き、上向き、時計回りとする。

5 自由体と断面力

　釣合い式を適切に記述する際に有効となるのが、自由体の考え方である（図5）。一般に構造物はいくつかの部材から構成されており、全体の釣合いやその他の条件を考えることで支点反力が求められる。一方で、支点反力から直接的に部材内部に作用する力（断面力）を求

めることはできない。そこで導入されたのが、部材内部を仮想の断面で切り取る自由体の考え方であり、その断面に作用する断面力を記述し、作用している外力や支点反力との釣合いを考えることで断面力を求めることができる。

　仮想断面で切断した場合には、断面の両方に存在する部分同士は力のやりとり（大きさが同じで向きが逆）を行う（作用・反作用の関係にある）。図5に自由体の一例を示す。自由体の左側の切断面は右側のローラー支点（B点）のすぐ右側に（断面力は N_1、Q_1、M_1）、右側の切断面は固定端（C点）のすぐ左側に存在している（断面力は N_2、Q_2、M_2）。自由体はその他の部分に力を及ぼし（図5の黒矢印：作用）、逆に自由体以外の部分は自由体に大きさが同じで向きが逆の力を及ぼす（図5の赤矢印：反作用）。図5の自由体に対して上述の3つの釣合い式を考えると、以下のようになる。

$$\sum X = 0：-N_1 + N_2 = 0$$

$$\sum Y = 0：Q_1 - Q_2 - P = 0$$

$$\sum_{\mathrm{B}} M = 0：M_1 + M_2 + Q_2 \times (2l) + P \times l = 0$$

　ここでの式からは直接断面力 N_1、Q_1、M_1、N_2、Q_2、M_2 を求めることはできないが、この方法は **31** 項以降の不静定構造の解析で用いることとなる。

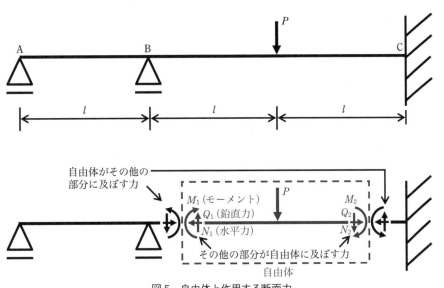

図5　自由体と作用する断面力

05 単純化されたモデル②
静定ラーメン

　オフィスビルや住宅の多くは梁と柱から構成される長方形やそれに準じた形の骨組からできている（図1、2）。このような骨組のことを建築構造の世界ではドイツ語を用いてラーメン（Rahmen）と呼んでいる。ラーメンは、英語では Moment-Resisting Frame、Moment-Resistant Frame、Moment Frame などと呼ばれており、**04** 項で説明した曲げモーメントを生じることにより荷重に抵抗する構造である。

1 部材の接合形式

　梁と柱の接合には、剛接合、ピン接合、半剛接などがある（図3）。剛接合は、交叉する2本の部材において曲げモーメントを完全な形で伝達する接合法である。ピン接合は曲げモーメントを負担することができず、同時に曲げモーメントの部材間での伝達もない。半剛接は

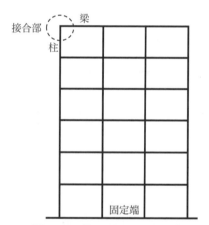

図1　梁と柱からなるラーメン構造

図2　ラーメン構造が用いられたオフィスビル

部材間の角度変化なし
（曲げモーメントを完全に伝達）

（a）剛接合

部材間の角度変化自由
（曲げモーメントを負担せず
伝達もしない）

（b）ピン接合

部材間の角度変化あり
（曲げモーメントに依存して
角度が変化）

（c）半剛接

図3　部材の接合形式

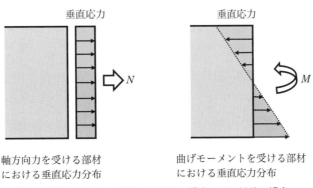

図4　断面全体として有効に作用する場合とそれ以外の場合

　鉄骨構造におけるボルト接合のように接合部自身の変形が存在し、2本の部材間において曲げモーメントを接合部の変形を伴った形で伝達する接合法である。

　主として部材の曲げに対して抵抗するラーメン構造は、**16**項で後述する軸方向の剛性で抵抗するトラス構造（垂直応力は断面内で一定で限界ぎりぎりまで利用可能）に比べて材料を十分に活用できていないという点で効率的な構造形式とはいえない（図4）。しかしながら、長方形や直方体をユニットとして建築空間を覆うことができるため、**建築計画や使用性、機能性の観点からは優れた構造形式**として古くから利用されている。

2 支持機構と内部架構

　本項では、図5に示すような、梁と柱が剛接合された1層1スパンのラーメンを扱う。支持機構としては最も単純な単純支持（図5(a)、(b)）、さらには2つのピンで支持された場合（図5(c)、(d)）も扱う。ほかに固定支持された場合もあるが、ここでは力の釣合いだけから反力や断面力が決まる静定構造（静定ラーメン）を扱う（図5(a)、(d)など）。一方、骨組内部の構造が不静定のものを内的に不静定（（図5(b)）、支持機構が不静定のものを外的に不静定（（図5(c)）という。**静定・不静定構造の詳細については14項で説明する**。なお、図5(a)、(c)、(d)は門型のラーメンであり、図5(b)は箱型のラーメンである。

　静定構造物は、温度変化による部材の変形拘束の影響（温度応力問題）を受けない。また、支持点での地盤沈下による影響も少ない。したがって、塑性崩壊に至るまでの荷重増加に対する冗長性には欠けるが、温度応力問題や地盤沈下問題に有効に対応するために、あえて静定ラーメンなどの静定構造が採用されることもある。

3 構造種別ごとの特徴

　ラーメン構造は、鉄筋コンクリート構造や鉄骨構造、さらには木質構造でも用いられる。鉄筋コンクリート構造では、圧縮部分は圧縮に強いコンクリートで、引張部分は引張に強い

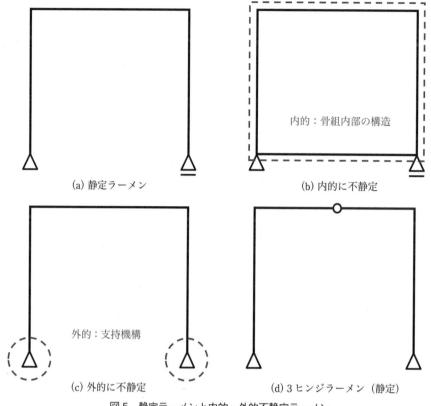

図5　静定ラーメンと内的・外的不静定ラーメン

鉄筋で負担するため、主として曲げが生じるラーメン構造では、圧縮と引張が混在する複雑な断面内応力を解析する必要がある。また、鉄骨構造においては、鋼材はコンクリートに比べて剛性（例えば、応力とひずみを関係づける係数のヤング係数）や強度が高いため細長い部材となる傾向にある。このような場合には座屈現象（真直な棒を圧縮した場合に急に曲がりだす現象）が問題となるが、これについては**29**、**30**項で後述する。また、コンクリートを流し込んで梁と柱を一体化することが比較的容易な鉄筋コンクリート構造に比べて、鉄骨構造では梁と柱をいかに巧妙に接合するかが主要な課題となっている。木質構造においては、材料そのものが重量に比して有効な剛性・強度比を有しているため、材料強度そのものに大きな問題が生じることは少ないが、部材の接合方法について十分な検討が必要となる場合が多い。なお、日本古来の伝統工法と戦後主流となった在来工法で接合形式が大きく異なる場合もあるため、それに対する十分な検討が必要となる。

4 自由体の考え方の有効性

　図5(a)、(b)では、全体の釣合い式から単純支持機構としての支点反力が求められる（**07**項参照）。それに対して、図5(c)、(d)では全体の釣合い式から支点反力を求めることはできな

い。しかしながら、図5(d)の3ヒンジラーメンでは、**07**、**13**項で後述するように、梁の中央に曲げモーメントを伝達しないヒンジが存在していることを有効利用して反力や断面力を求めることができる。なお、ヒンジは図3(b)のピンと同じ特性を有している。

　支点反力や断面力の求め方については、**07**項や**11**項で詳述するが、支点反力を求めた後に図6に示すような自由体を考えることにより、各部材の断面力を求めることができる。図6では図5(a)のモデルについての例を示している。

　また、図5(b)のような内的に不静定な構造では、不静定構造から静定構造に置換する際の拘束変形に対応する力として断面力（不静定力と呼ばれる）を取り出すことにより、拘束変形と関連づけて断面力などを求めることができる（変形の適合条件といい、**31**、**32**項で説明）。図5(b)、(c)のような不静定構造を解析するには、**31**、**32**項の応力法、**33**、**34**項の変位法、**41**〜**44**項のたわみ角法などの方法を用いることになる。

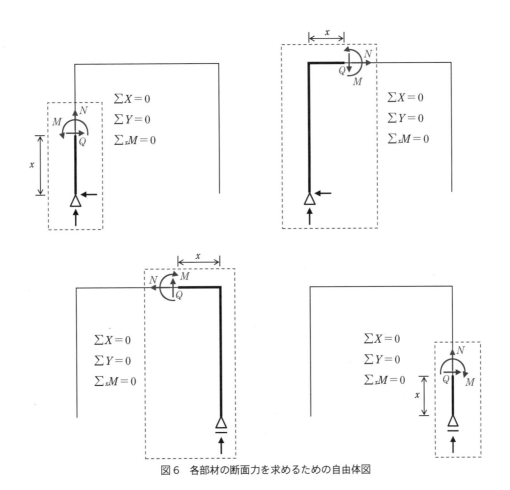

図6　各部材の断面力を求めるための自由体図

06 静定構造物の反力①
単純梁、片持梁、ゲルバー梁

04 項で説明したように、構造物に力が作用すると、構造物を支える支点にはそれに抵抗する力が発生する。これを支点反力（あるいは単に反力）という。04 項で述べた通り、単純梁と片持梁は静定構造物であるため、すべての支点反力は力の釣合い式（X 方向（水平方向）の力、Y 方向（鉛直方向）の力、ある点回りの力のモーメントの釣合いの 3 個）から求めることができる。一般に、X 方向の支点反力は H、Y 方向の支点反力は V、力のモーメントは M で表され、それぞれの正の向きは、右向き、上向き、時計回りとする。

1 計算例①：斜め荷重が作用する単純梁

図 1(a)のように、単純梁に斜め荷重 10kN が作用する場合を考える。そのときの支点反力は図 1(b)のように表すことができる。

3 個の釣合い式は次のように表現できる。04 項で述べたように、$\sum X = 0$ は X 方向の釣合い式を、$\sum Y = 0$ は Y 方向の釣合い式を、$\sum_A M = 0$ は A 点回りの力のモーメントの釣合い式を表す。

$\sum X = 0：H_A + 6 = 0 \rightarrow H_A = -6\text{kN}$

$\sum Y = 0：V_A + V_B - 8 = 0$ （下式と連立させて）$\rightarrow V_A = 4\text{kN}$

$\sum_A M = 0：8 \times 3 - V_B \times 6 = 0 \rightarrow V_B = 4\text{kN}$

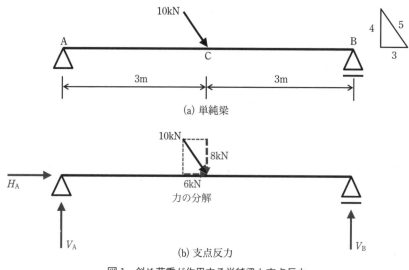

(a) 単純梁

(b) 支点反力

図1 斜め荷重が作用する単純梁と支点反力

2 計算例②：斜め荷重が作用する片持梁

次に、図2(a)のような先端に斜め荷重$5\sqrt{2}$ kNが作用する片持梁を考える。そのときの支点反力は図2(b)のように表すことができる。

3個の釣合い式は次式のように表現できる。

$$\sum X = 0 : H_A - 5 = 0 \rightarrow H_A = 5\text{kN}$$

$$\sum Y = 0 : V_A - 5 = 0 \rightarrow V_A = 5\text{kN}$$

$$\sum_A M = 0 : M_A + 5 \times 6 = 0 \rightarrow M_A = -30\text{kNm}$$

3 計算例③：斜め荷重が作用するゲルバー梁

次に、図3に示すような、1個のピン支点と2個のローラー支点で支持された構造物を考える。BEの間のC点に1個のピン接合（水平と鉛直方向の荷重は伝達するがモーメントは伝達せず曲げモーメントが0となる機構）が存在している。このような梁を「ゲルバー梁」と呼ぶ（ドイツの土木技術者ハインリッヒ・ゲルバー（1832～1912年）が発見した）。ゲルバー梁は、「任意の点に曲げモーメントを伝達しないピンを適当な個数だけ挿入することにより梁を静定構造にすることができる」という性質を利用してつくられたものである。静定

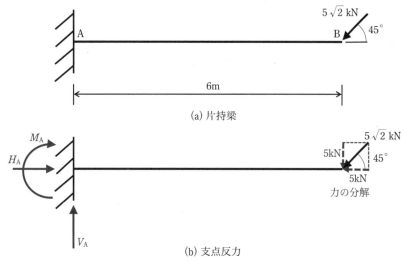

図2　斜め荷重が作用する片持梁と支点反力

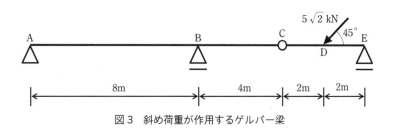

図3　斜め荷重が作用するゲルバー梁

構造であるため、温度変化や地盤沈下に強く、長大な橋などに用いられている。

　図3のゲルバー梁の支点反力を図4に示す。梁には4個の支点反力が存在するため、全体の釣合い式（3個）からすべての支点反力を求めることはできない。そこで、次の2つの方法を考えることにより釣合い式を追加することで、反力を求める。

①方法1

　図5(a)に対する全体の釣合い式（3個）と、ピン（C点）で切断した図5(b)のCE部分のC点回りのモーメントの釣合い式（1個）を連立させることにより、4個の支点反力を求めることができる。

〈図5(a)の全体の釣合い式〉

　3個の釣合い式は次式のように表現できる。

$$\sum X = 0 : H_A - 5 = 0 \rightarrow H_A = 5\text{kN}$$

$$\sum Y = 0 : V_A + V_B + V_E - 5 = 0 \quad (\text{下式と連立させて}) \rightarrow V_A = -1.25\text{kN}$$

$$\sum_A M = 0 : 5 \times 14 - V_B \times 8 - V_E \times 16 = 0 \quad (\text{下式と連立させて}) \rightarrow V_B = 3.75\text{kN}$$

〈図5(b)のCE部分のC点回りのモーメントの釣合い式〉

$$\sum_C M = 0 : 5 \times 2 - V_E \times 4 = 0 \rightarrow V_E = 2.5\text{kN}$$

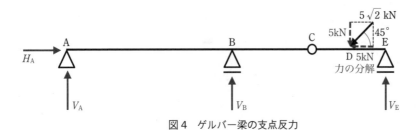

図4　ゲルバー梁の支点反力

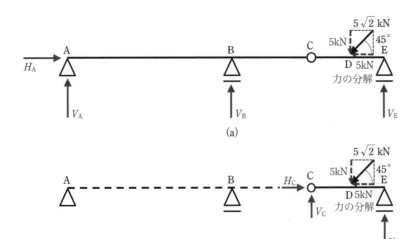

(a)

(b)

図5　ゲルバー梁の支点反力の求め方（方法1）

②方法2

　図6のようにピン（C点）で梁を分けて考える（AC部分とCE部分）。AC部分とCE部分のC点には、それぞれ大きさが同じで向きが逆の水平方向と鉛直方向の2つの内力が作用している（作用・反作用の関係）。したがって、未知量は支点反力4個と内力2個の6個となる。一方、釣合い式は、図6(a)のAC部分で3個（X方向、Y方向、ある点回りのモーメントの釣合い）と、図6(b)のCE部分で3個（AC部分と同様）の合計6個の式が成立する。したがって、未知量の数と釣合い式の数が一致し、すべての未知量を求めることができる。

〈図6(a)のAC部分の力の釣合い式〉

　　$\sum X = 0 : H_A - H_C = 0$　（他と連立させて）　$\rightarrow H_A = 5\text{kN}$

　　$\sum Y = 0 : V_A + V_B - V_C = 0$　（他と連立させて）　$\rightarrow V_A = -1.25\text{kN}$

　　$\sum_C M = 0 : V_A \times 12 + V_B \times 4 = 0$　（他と連立させて）　$\rightarrow V_B = 3.75\text{kN}$

〈図6(b)のCE部分の力の釣合い式〉

　　$\sum X = 0 : H_C - 5 = 0 \rightarrow H_C = 5\text{kN}$

　　$\sum Y = 0 : V_C + V_E - 5 = 0$　（下式と連立させて）　$\rightarrow V_C = 2.5\text{kN}$

　　$\sum_C M = 0 : 5 \times 2 - V_E \times 4 = 0 \rightarrow V_E = 2.5\text{kN}$

　なお、方法1は4個の未知量を有するのに対して、方法2は6個の未知量を有している。したがって、一般的には方法1の方が解きやすいといえる。また、ゲルバー梁では、ローラー支点の数が増えるに従いピンの数も増えるため、方法1を拡張した解法の方が望ましいといえる。

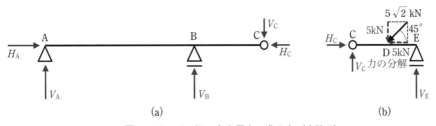

(a)　　　　　　　　　　　　　(b)

図6　ゲルバー梁の支点反力の求め方（方法2）

07 静定構造物の反力②
静定ラーメン、3ヒンジラーメン

06 項では静定梁の反力の求め方について解説した。ここでは、05 項で取り上げた静定ラーメンと3ヒンジラーメンの反力の求め方について説明する。3ヒンジラーメンも静定ラーメンの一種である。

1 計算例①：水平荷重が作用する単純支持の門型静定ラーメン

図1(a)のような単純支持された1層1スパンの門型静定ラーメンの左柱の頂部に水平荷重

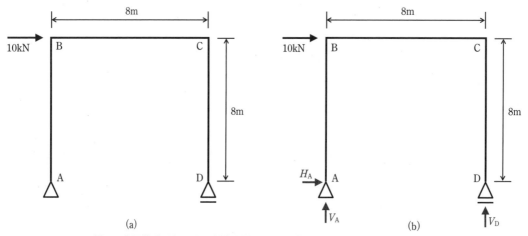

図1 水平荷重が作用する単純支持された1層1スパンの門型静定ラーメン

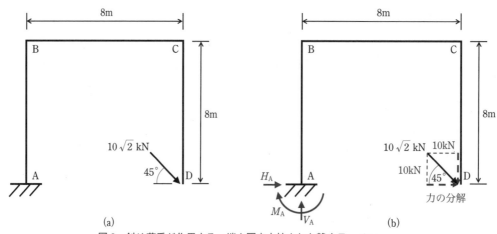

図2 斜め荷重が作用する一端を固定支持された静定ラーメン

10kN が作用する場合を考える。支点反力は3個で（図1(b)）、全体の釣合い式は3個であるため、次のように支点反力が求められる。

$$\sum X = 0 : H_A + 10 = 0 \;\rightarrow\; H_A = -10\text{kN}$$

$$\sum Y = 0 : V_A + V_D = 0 \quad (\text{下式と連立させて}) \;\rightarrow\; V_A = -10\text{kN}$$

$$\sum{}_A M = 0 : 10 \times 8 - V_D \times 8 = 0 \;\rightarrow\; V_D = 10\text{kN}$$

2 計算例②：斜め荷重が作用する一端固定の静定ラーメン

次に、図2(a)のようなA端で固定支持された静定ラーメンのD点に斜め荷重 $10\sqrt{2}$ kN が作用する場合を考える。単純支持の場合と同様に、支点反力は3個で（図2(b)）、全体の釣合い式は3個であるため、次のように支点反力が求められる。

$$\sum X = 0 : H_A + 10 = 0 \;\rightarrow\; H_A = -10\text{kN}$$

$$\sum Y = 0 : V_A - 10 = 0 \;\rightarrow\; V_A = 10\text{kN}$$

$$\sum{}_A M = 0 : M_A + 10 \times 8 = 0 \;\rightarrow\; M_A = -80\text{kNm}$$

3 計算例③：水平荷重が作用する3ヒンジラーメン

次に、図3(a)のような3ヒンジラーメンを考える。この場合の支点反力は図3(b)に示すように4つ存在するが、構造物全体の3個の釣合い式を考えるだけでは4個の支点反力を求めることはできない。そこで、支点反力を求めるための2つの方法を紹介する。

①方法1

06 項のゲルバー梁の計算例で解説したように、ピンが存在するところでは、その左右の部分同士が力（内力）を及ぼし合う（作用・反作用の関係）。その内力を含む釣合い式を用いると、未知量の数が増えるため複雑となる。そこで、片方の部分については、ピン回りのモー

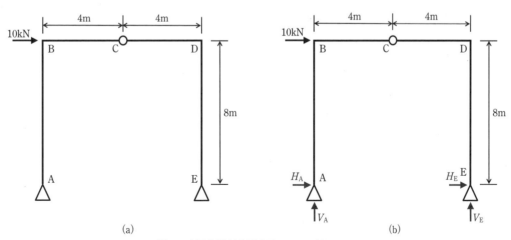

図3　水平荷重が作用する3ヒンジラーメン

メントの釣合いを考えることにより、そのような問題点を解決することができる。したがって、図4(a)に対する全体の釣合い式（3個）と、ピン（C点）で切断した図4(b)のCDE部分のC点回りのモーメントの釣合い式（1個）を連立させることにより、4個の支点反力を次のように求めることができる。

〈図4(a)の釣合い〉

$\sum X = 0 : H_A + H_E + 10 = 0$ （他と連立させて）→ $H_A = -5$kN

$\sum Y = 0 : V_A + V_E = 0$ （他と連立させて）→ $V_A = -10$kN

$\sum_A M = 0 : 10 \times 8 - V_E \times 8 = 0$ → $V_E = 10$kN

〈図4(b)の釣合い〉

$\sum_C M = 0 : -H_E \times 8 - V_E \times 4 = 0$ （他と連立させて）→ $H_E = -5$kN

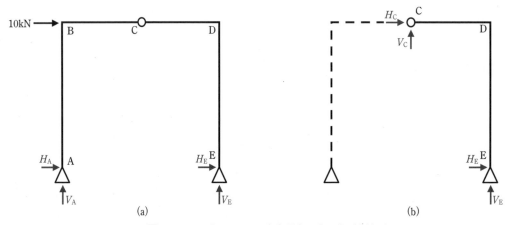

図4　3ヒンジラーメンの支点反力の求め方（方法1）

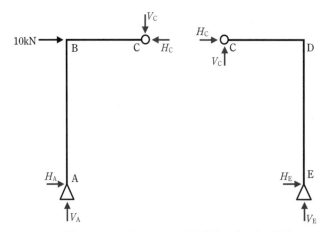

図5　3ヒンジラーメンの支点反力の求め方（方法2）

　ここで、図4(b)のCDE部分においてC点回りのモーメントの釣合いを考えたのは、図4(a)での全体の釣合い式の中にC点の内力H_C、V_Cが含まれていないことから、CDE部分の釣合い式にもその内力を含まないようにするためである。

②方法2

　図5のように、ピン（C点）で骨組を2つに分けて考える（ABC部分とCDE部分）。ABC部分とCDE部分のC点には、それぞれ大きさが同じで向きが逆の水平方向と鉛直方向の2つの内力が作用している（作用・反作用の関係）。したがって、未知量は支点反力4個と内力2個の計6個となる。この場合には、図5のABC部分の力の釣合い式3個と、図5のCDE部分の力の釣合い式3個の合計6個の釣合い式が成立する。したがって、未知量の数と釣合い式の数が一致し、これら6個の連立方程式を解くことにより、すべての未知量を次のように求めることができる。

〈ABC部分の釣合い〉

$$\sum X = 0 : H_A - H_C + 10 = 0$$

$$\sum Y = 0 : V_A - V_C = 0$$

$$\sum_C M = 0 : V_A \times 4 - H_A \times 8 = 0$$

〈CDE部分の釣合い〉

$$\sum X = 0 : H_C + H_E = 0$$

$$\sum Y = 0 : V_C + V_E = 0$$

$$\sum_C M = 0 : -H_E \times 8 - V_E \times 4 = 0$$

　上記6個の式を連立させて解くと、反力が以下のように求められる（例えばH_C、V_Cを消去すると解きやすくなる）。

$$H_A = -5kN, \quad V_A = -10kN, \quad H_E = -5kN, \quad V_E = 10kN$$

　なお、06 項のゲルバー梁の場合と同様に、方法1は4個の未知量を扱うのに対して、方法2は6個の未知量を扱うことになる。したがって、一般的には方法1の方が解きやすいといえる。

08 単純梁の断面力と断面力図

06、07 項では、静定梁や静定ラーメンに外力が作用したときに生じる支点反力の求め方について説明した。本項では、支点反力が求められた後に算定を行う、梁部材の断面に生じる断面力（垂直応力とせん断応力の合力・合モーメント）の求め方と断面力図（断面力を座標軸方向に描いた図）の描き方について解説する。断面力が求められると、20 〜 22 項で説明する方法で断面内に生じる応力が求められ、断面内における部材の安全性の検討が行えるようになる。

■1 3つの断面力と断面力図

梁に力が作用すると、材軸方向の伸縮（01 項）やせん断変形、曲げ変形（19、21 項）等が生じる。その中でも、ある程度細長い梁では、図1(a)のような曲げ変形が主要な変形となる。

04 項でも説明した通り、材軸方向の座標のある位置で切断した部材断面には、断面内の応力（垂直応力とせん断応力）が存在し（図1(b)、(c)）、その分布や中立軸回りのモーメントを断面内で積分することにより、図2(a)のように3つの断面力、すなわち軸方向力、せん断力、曲げモーメントが定義できる。梁における断面力の正と負の向きは図2(b)の通りで、軸

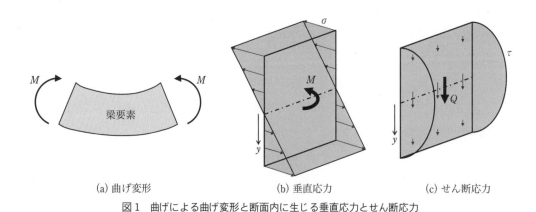

(a) 曲げ変形 　　(b) 垂直応力 　　(c) せん断応力
図1　曲げによる曲げ変形と断面内に生じる垂直応力とせん断応力

(a) 3つの断面力 　　(b) 断面力の正負の向き
図2　3つの断面力と断面力の正負の向き

方向力を N（ドイツ語の Normalkraft）、せん断力を Q（ドイツ語の Querkraft）、曲げモーメントを M（ドイツ語や英語の Moment）で略記し、それぞれの断面力図を軸方向力図（N図）、せん断力図（Q図）、曲げモーメント図（M図）と呼ぶ。

2 計算例①：斜め荷重が作用する単純梁

図3のような単純梁のC点に斜め荷重が作用する場合を考える。そのときの支点反力は図4のように設定できる。水平方向と鉛直方向の力の釣合いを考えるため、斜め荷重を図4のように水平成分と鉛直成分に分解する。

支点反力は、単純梁全体の3個の釣合い式より次のように求められる。

$\sum X = 0 : H_A + 5 = 0 \rightarrow H_A = -5\text{kN}$

$\sum Y = 0 : V_A + V_B - 5 = 0$ （下式と連立させて） $\rightarrow V_A = 2.5\text{kN}$

$\sum_A M = 0 : 5 \times 4 - V_B \times 8 = 0 \rightarrow V_B = 2.5\text{kN}$

次に、断面力（N、Q、M）を求めるために、荷重が作用しているC点で梁を分割し、図5 (a)、(b)のようなAC区間とCB区間の2つの自由体を考える。

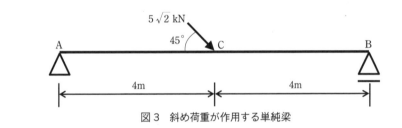

図3　斜め荷重が作用する単純梁

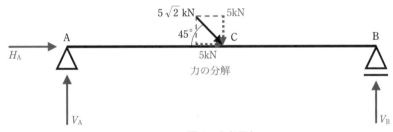

図4　支点反力

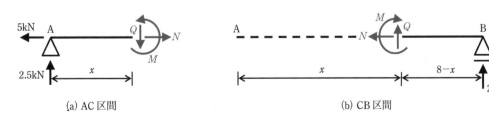

(a) AC区間　　　　　　　　　　　　　(b) CB区間

図5　自由体における断面力

図5(a)の釣合い式より、AC区間の断面力が次のように求められる。

$$\sum X = 0 : N - 5 = 0 \rightarrow N = 5\text{kN}$$

$$\sum Y = 0 : 2.5 - Q = 0 \rightarrow Q = 2.5\text{kN}$$

$$\sum_x M = 0 : 2.5x - M = 0 \rightarrow M = 2.5x\,\text{kNm}$$

一方、図5(b)の釣合い式より、CB区間の断面力が次のように求められる。

$$\sum X = 0 : N = 0 \rightarrow N = 0\text{kN}$$

$$\sum Y = 0 : Q + 2.5 = 0 \rightarrow Q = -2.5\text{kN}$$

$$\sum_x M = 0 : M - 2.5(8 - x) = 0 \rightarrow M = 2.5(8 - x)\,\text{kNm} = 20 - 2.5x\,\text{kNm}$$

次に、断面力図の描き方について説明する。図6に断面力図の正負の描画位置を示す。軸方向力図とせん断力図は、梁の下側に正の分布を描くのに対して、曲げモーメント図は、断面の縁に引張が生じる側に描く。したがって、軸方向力図とせん断力図では、正負の値も図中に付すが、曲げモーメント図では、絶対値のみ付すのが通例である。

図6に示した描画のルールに従い、図3のモデルの断面力を図化すると、図7のようになる。図7には、以上で得られた断面力の値をまとめたものと、基本的な断面力図の描き方を示している。なお、28 項で説明するが、曲げモーメントの勾配がせん断力となる。

(a) 軸方向力図　　　　(b) せん断力図　　　　(c) 曲げモーメント図

縁に引張が
生じる側に描く

図6　断面力図の描き方（正負の描画位置）

〈描き方〉

AC区間では、軸方向力5kNで、
CB区間では、0kNである。
（正値は梁の下側に描く）

AC区間では、せん断力−2.5kNで、
CB区間では、2.5kNである。
（正値は梁の下側に描く）

AC区間では、曲げモーメント2.5x kNmで、
CB区間では、20−2.5x kNmである。
（断面の縁に引張が生じる側に描く）

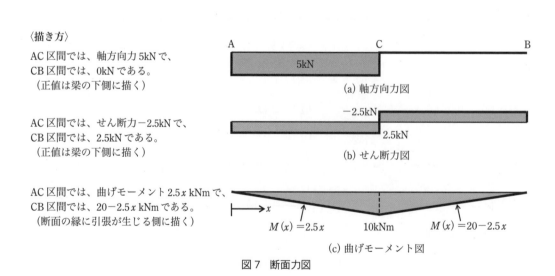

図7　断面力図

3 計算例②：等分布荷重が作用する単純梁

次に、図8のような等分布荷重が作用する単純梁を考える。

支点反力は、図9のように求められる。

続けて、図10のような自由体の釣合いを考える。

$$\sum X = 0 : N = 0$$

$$\sum Y = 0 : -Q + 8 - 2x = 0 \rightarrow Q = 8 - 2x\,\text{kN}$$

$$\sum_x M = 0 : -M + 8x - \frac{(2x)x}{2} = 0 \rightarrow M = 8x - \frac{(2x)x}{2} = -(x-4)^2 + 16\,\text{kNm}$$

上記の3つ目の式は、分布荷重の場合のモーメントの釣合いを表しており、図10のように分布荷重をその重心位置に集中荷重として置き換えている。このとき、断面力図は図11のように求められる。図11には、以上で得られた断面力の値をまとめたものと、基本的な断面力図の描き方を示している。

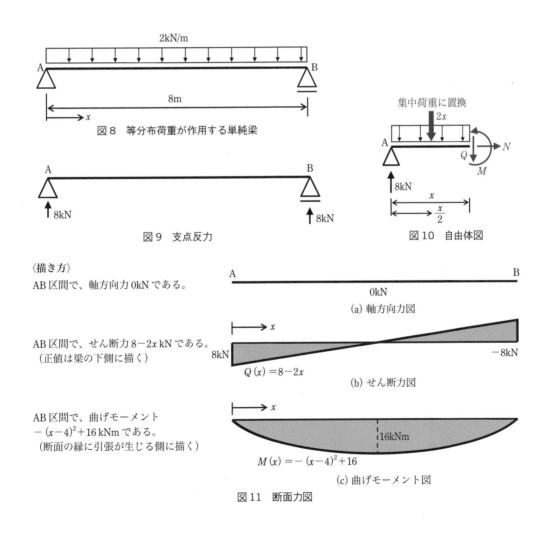

図8　等分布荷重が作用する単純梁

図9　支点反力

図10　自由体図

〈描き方〉

AB区間で、軸方向力0kNである。

(a) 軸方向力図

AB区間で、せん断力$8 - 2x$ kNである。
（正値は梁の下側に描く）

$Q(x) = 8 - 2x$

(b) せん断力図

AB区間で、曲げモーメント
$-(x-4)^2 + 16$ kNmである。
（断面の縁に引張が生じる側に描く）

$M(x) = -(x-4)^2 + 16$

(c) 曲げモーメント図

図11　断面力図

09 片持梁の断面力と断面力図

　本項では、片持梁の断面力の求め方と断面力図の描き方について解説する。片持梁は単純梁とともに建築構造力学を学ぶ上で最も基本となる構造形式であり、その力学的な特性について十分に理解を深める必要がある。

1 計算例①：斜め荷重が作用する片持梁

　図1のような片持梁のB、C点に斜め荷重が作用する場合を考える。片持梁では支持点は固定支持であるため、支点反力は図2のように設定できる。水平方向と鉛直方向の力の釣合いを考えるため、斜め荷重を図2のように水平成分と鉛直成分に分解する。

　支点反力は、片持梁全体の3個の釣合い式より次のように求められる。

$$\sum X = 0 : H_A - 5 + 5 = 0 \rightarrow H_A = 0 \text{kN}$$

$$\sum Y = 0 : V_A - 5 - 5 = 0 \rightarrow V_A = 10 \text{kN}$$

$$\sum_A M = 0 : M_A + 5 \times 4 + 5 \times 8 = 0 \rightarrow M_A = -60 \text{kNm}$$

　次に、断面力（N、Q、M）を求める。中間のC点に荷重が作用しているため、AC区間と

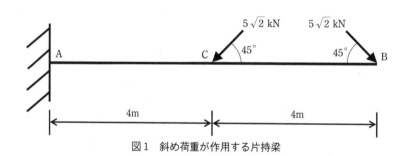

図1　斜め荷重が作用する片持梁

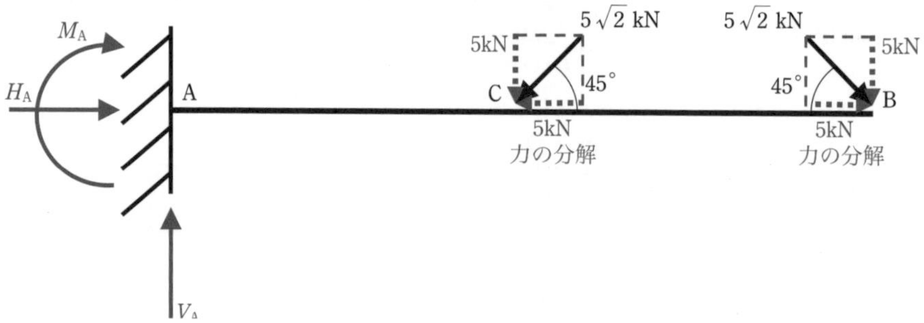

図2　支点反力

CB 区間に分け（図3）、AC 区間内の x の位置で切断して得られる自由体（図4(a)）と、CB 区間内の x の位置で切断して得られる自由体（図4(b)）を考える。

図4(a)の自由体の釣合い式より、AC 区間の断面力が次のように求められる。

$\sum X = 0 : N = 0 \rightarrow N = 0\text{kN}$

$\sum Y = 0 : 10 - Q = 0 \rightarrow Q = 10\text{kN}$

$\sum_x M = 0 : 10x - 60 - M = 0 \rightarrow M = -60 + 10x\text{ kNm}$

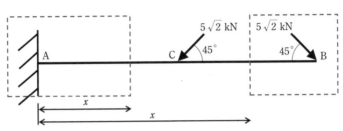

図3　集中荷重が片持梁の内部に作用する場合の自由体の扱い方

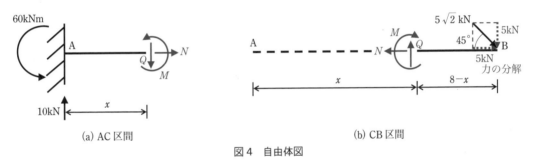

(a) AC 区間

(b) CB 区間

図4　自由体図

〈描き方〉

AC 区間では、軸方向力 0kN で、
CB 区間では、5kN である。
（正値は梁の下側に描く）

AC 区間では、せん断力 10kN で、
CB 区間では、5kN である。
（正値は梁の下側に描く）

AC 区間では、曲げモーメント $-60 + 10x$ kNm で、
CB 区間では、$-40 + 5x$ kNm である。
（断面の縁に引張が生じる側に描く）

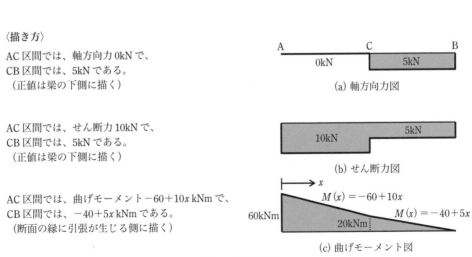

(a) 軸方向力図

(b) せん断力図

(c) 曲げモーメント図

図5　断面力図

一方、図4(b)の自由体の釣合い式より、CB区間の断面力が次のように求められる。

$$\sum X = 0 : -N + 5 = 0 \rightarrow N = 5\text{kN}$$

$$\sum Y = 0 : Q - 5 = 0 \rightarrow Q = 5\text{kN}$$

$$\sum_x M = 0 : M + 5(8 - x) = 0 \rightarrow M = -40 + 5x \text{ kNm}$$

以上より、断面力図は、前項に示した断面力図の描き方のルールに従い、図5のように求められる。図5には、以上で得られた断面力の値をまとめたものと、基本的な断面力図の描き方を示している。

2 計算例②：等分布荷重が作用する片持梁

次に、図6のような等分布荷重が作用する片持梁を考える。

等分布荷重の合力16kNが左端から4mのところに作用すると考えると（図7）、支点反力は以下のように求められる。

$$\sum X = 0 : H_A = 0\text{kN}$$

$$\sum Y = 0 : V_A - 16 = 0 \rightarrow V_A = 16\text{kN}$$

$$\sum_A M = 0 : M_A + 16 \times 4 = 0 \rightarrow M_A = -64\text{kNm}$$

全領域で等分布荷重が作用する場合には区間を分けて考える必要はないため、図8のような自由体の釣合いを考える。

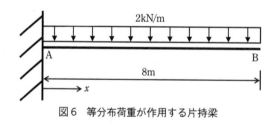

図6　等分布荷重が作用する片持梁

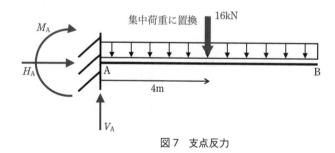

図7　支点反力

このとき、釣合い式は以下のように求められる。

$$\sum X = 0 : N = 0$$

$$\sum Y = 0 : -Q + 16 - 2x = 0 \rightarrow Q = 16 - 2x\,\text{kN}$$

$$\sum_x M = 0 : -M - 64 + 16x - \frac{(2x)x}{2} = 0 \rightarrow M = -64 + 16x - \frac{(2x)x}{2} = -(x-8)^2\,\text{kNm}$$

以上より、断面力図は、前項に示した断面力図の描き方のルールに従い、図9のように求められる。図9には、以上で得られた断面力の値をまとめたものと、基本的な断面力図の描き方を示している。

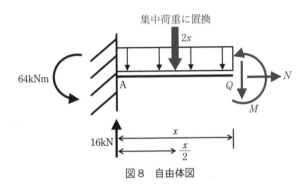

図8　自由体図

〈描き方〉
AB区間で、軸方向力 0kN である。

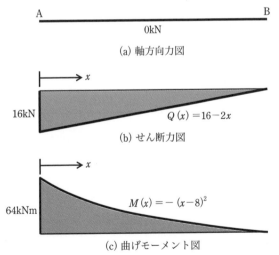

(a) 軸方向力図

AB区間で、せん断力 $16 - 2x$ kN である。
（正値は梁の下側に描く）

(b) せん断力図

AB区間で、曲げモーメント $-(x-8)^2$ kNm である。
（断面の縁に引張が生じる側に描く）

(c) 曲げモーメント図

図9　断面力図

10 ゲルバー梁の断面力と断面力図

本項では、06項で取り上げたゲルバー梁の断面力の求め方と断面力図の描き方について解説する。ゲルバー梁の支点反力の求め方については06項で2つの方法を示したが、ここでは方法1を用いて支点反力を求めた上で、断面力を求める方法について説明する。

1 計算例：斜め荷重が作用するゲルバー梁

図1のゲルバー梁のD点に斜め荷重が作用する場合を考える。そのときの支点反力は図2のように設定できる。

〈図2の全体の釣合い式〉

3個の釣合い式は次のように表現できる。

$$\sum X = 0 : H_A + 5 = 0 \rightarrow H_A = -5\text{kN}$$

$$\sum Y = 0 : V_A + V_B + V_E - 5 = 0 \text{（他と連立させて）} \rightarrow V_A = -1.25\text{kN}$$

$$\sum_A M = 0 : 5 \times 7 - V_B \times 4 - V_E \times 8 = 0 \text{（他と連立させて）} \rightarrow V_B = 3.75\text{kN}$$

〈図3のCE部分のC点回りのモーメントの釣合い式〉

$$\sum_C M = 0 : 5 \times 1 - V_E \times 2 = 0 \rightarrow V_E = 2.5\text{kN}$$

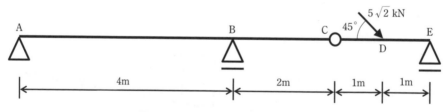

図1 斜め荷重が作用するゲルバー梁

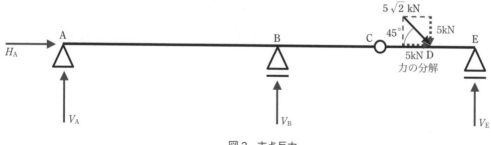

図2 支点反力

H_C と V_C は、図3の自由体の水平方向と鉛直方向の力の釣合いから次のように求められる。

$$\sum X = 0 : H_C + 5 = 0 \rightarrow H_C = -5\text{kN}$$

$$\sum Y = 0 : V_C - 5 + V_E = 0 \rightarrow V_C = 5 - V_E = 2.5\text{kN}$$

次に、断面力（N、Q、M）を求めるために、図4(a)～(d)のような自由体を考える。

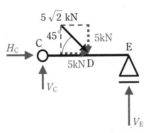

図3　CE部分の自由体

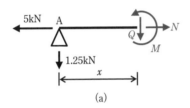

(a)

(b)

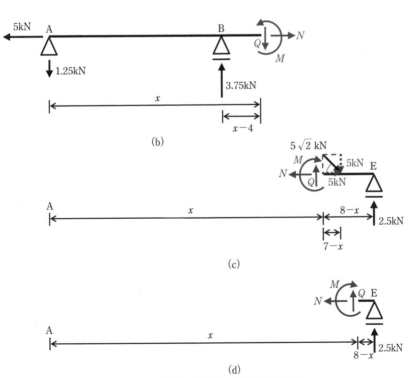

(c)

(d)

図4　各区間における自由体図

〈AB 区間の断面力〉

　図4(a)の自由体の釣合い式より、AB 区間の断面力が次のように求められる。

$\sum X = 0 : N - 5 = 0 \;\rightarrow\; N = 5\mathrm{kN}$

$\sum Y = 0 : -1.25 - Q = 0 \;\rightarrow\; Q = -1.25\mathrm{kN}$

$\sum_x M = 0 : -1.25x - M = 0 \;\rightarrow\; M = -1.25x\,\mathrm{kNm}$

〈BC 区間の断面力〉

　図4(b)の自由体の釣合い式より、BC 区間の断面力が次のように求められる。

$\sum X = 0 : N - 5 = 0 \;\rightarrow\; N = 5\mathrm{kN}$

$\sum Y = 0 : -1.25 + 3.75 - Q = 0 \;\rightarrow\; Q = 2.5\mathrm{kN}$

$\sum_x M = 0 : -1.25x + 3.75(x - 4) - M = 0 \;\rightarrow\; M = -15 + 2.5x\,\mathrm{kNm}$

〈CD 区間の断面力〉

　図4(c)の自由体の釣合い式より、CD 区間の断面力が次のように求められる。

$\sum X = 0 : N - 5 = 0 \;\rightarrow\; N = 5\mathrm{kN}$

$\sum Y = 0 : Q - 5 + 2.5 = 0 \;\rightarrow\; Q = 2.5\mathrm{kN}$

$\sum_x M = 0 : M + 5(7 - x) - 2.5(8 - x) = 0 \;\rightarrow\; M = -15 + 2.5x\,\mathrm{kNm}$

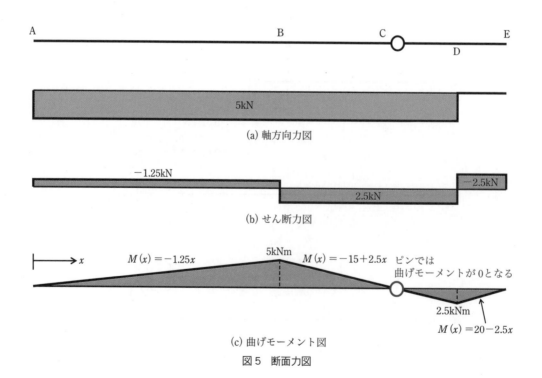

(a) 軸方向力図

(b) せん断力図

(c) 曲げモーメント図

図5　断面力図

〈DE 区間の断面力〉

図4(d)の自由体の釣合い式より、DE 区間の断面力が次のように求められる。

$$\sum X = 0 : N = 0 \rightarrow N = 0\text{kN}$$

$$\sum Y = 0 : Q + 2.5 = 0 \rightarrow Q = -2.5\text{kN}$$

$$\sum{}_x M = 0 : M - 2.5(8-x) = 0 \rightarrow M = 20 - 2.5x \text{ Nm}$$

以上より、08項に示した断面力図の描き方のルールに従い、断面力図は図5のように求められる。軸方向力図とせん断力図は、正値を梁の下側に描き、曲げモーメント図は、断面の縁が引張となる側に描いている。軸方向力図とせん断力図は、以上で得られた断面力の値を図示したものであり、曲げモーメント図は各区間における関数を描いたものである。なお、曲げモーメント図の代表的な点においては、その絶対値を記載している。

2 ゲルバー梁の特徴

図1のゲルバー梁においては、CE 間に荷重が作用しているが、もし CE 間に荷重が作用していなければ、C 点と E 点の曲げモーメントは0であるため、CE 間の曲げモーメントはすべて0となる。また、対応するせん断力（曲げモーメントの勾配）も0となり、E 点には鉛直反力も生じないことになる。すなわち、ゲルバー梁では荷重の作用位置により一定区間で曲げモーメントもせん断力もさらには支点反力も生じない部分が存在することもあり得る（具体的な例は巻末の練習問題を参考にしていただきたい）。したがって、このような性質を有効利用した構造設計（この部分の部材の断面設計や支点の支持機構の設計）も可能である。

また、図6のように、ローラー支持点が1個増えるごとにピン接合を1個追加することにより、スパン数が増えても静定梁として取り扱うことができる。

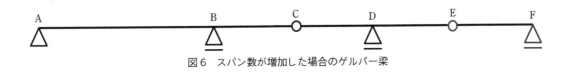

図6　スパン数が増加した場合のゲルバー梁

11 静定ラーメンの断面力と断面力図①
単純支持ラーメン

　本項では、単純支持された門型の静定ラーメンの断面力の求め方と断面力図の描き方について説明する。ここでは単純支持されたラーメンを取り上げるが、この場合には全体の3種類の力の釣合い式をもとに3個の支点反力が求められる。この状況については 14、15 項で詳しく説明するが、支持条件に関する静定性という意味で「外的に静定」という。

　次に、支点反力を含む任意の区間における自由体の釣合いから断面力を求めることができる。これについても 14、15 項で説明するが、構造内部の静定性という意味で「内的に静定」という。

1 計算例：水平・鉛直荷重が作用する単純支持の門型静定ラーメン

①支点反力の求め方

　図1(a)のような、水平荷重と鉛直荷重が作用する単純支持された門型静定ラーメンを考える。支点反力は図1(b)に示す3個で、全体の釣合い式は3個であることから、次のように支点反力が求められる。

$$\sum X = 0 : H_A + 10 = 0 \rightarrow H_A = -10\text{kN}$$

$$\sum Y = 0 : V_A + V_E - 6 = 0 \text{（下式と連立させて）} \rightarrow V_A = -7\text{kN}$$

$$\sum_A M = 0 : 10 \times 6 + 6 \times 3 - V_E \times 6 = 0 \rightarrow V_E = 13\text{kN}$$

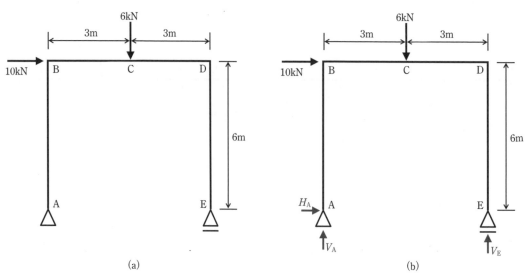

図1　水平・鉛直荷重が作用する単純支持の門型静定ラーメン

②断面力の求め方

　次に、断面力を求めるには、各区間に分けて考える必要がある。各区間について自由体図を示すと、図2のようになる。梁部材 BD では、C 点に鉛直荷重が作用しているため、BC 区間と CD 区間の2つに分けて考える必要がある。また、CD 区間、DE 区間では右端 D もしくは右下端 E を原点として座標 x をとる方が釣合い式を立てやすくなることから、そのようにしている。

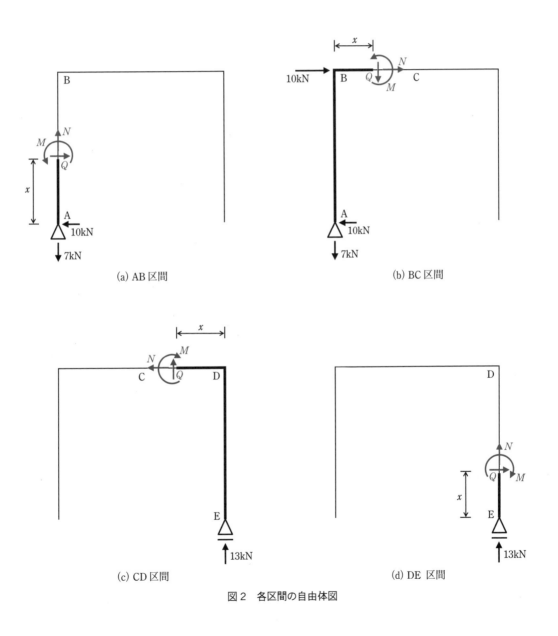

(a) AB 区間　　　　　　　　　　　　(b) BC 区間

(c) CD 区間　　　　　　　　　　　　(d) DE 区間

図2　各区間の自由体図

〈AB 区間の断面力〉

　左の柱の断面力を求めるために、図 2 (a) のような自由体について 3 つの釣合い式を考える。

$$\sum X = 0 : Q - 10 = 0 \rightarrow Q = 10\text{kN}$$

$$\sum Y = 0 : N - 7 = 0 \rightarrow N = 7\text{kN}$$

$$\sum_x M = 0 : 10x - M = 0 \rightarrow M = 10x\,\text{kNm}$$

〈BC 区間の断面力〉

　梁の左半分の断面力を求めるために、図 2 (b) のような自由体について 3 つの釣合い式を考える。

$$\sum X = 0 : N - 10 + 10 = 0 \rightarrow N = 0\text{kN}$$

$$\sum Y = 0 : -Q - 7 = 0 \rightarrow Q = -7\text{kN}$$

$$\sum_x M = 0 : 10 \times 6 - 7x - M = 0 \rightarrow M = 60 - 7x\,\text{kNm}$$

〈CD 区間の断面力〉

　梁の右半分の断面力を求めるために、図 2 (c) のような自由体について 3 つの釣合い式を考える。

$$\sum X = 0 : N = 0\text{kN}$$

$$\sum Y = 0 : Q + 13 = 0 \rightarrow Q = -13\text{kN}$$

$$\sum_x M = 0 : M - 13x = 0 \rightarrow M = 13x\,\text{kNm}$$

〈描き方〉

AB 区間では、軸方向力 7kN で、
BD 区間では、0kN であり、
DE 区間では、−13kN である。
　（正値はラーメンの内側に描く）

AB 区間では、せん断力 10kN で、
BC 区間では、−7kN であり、
CD 区間では、−13kN、
DE 区間では、0kN である。
　（正値はラーメンの内側に描く）

AB 区間では、曲げモーメント 10x kNm で、
BC 区間では、60−7x kNm であり、
CD 区間では、13x kNm（D 端から x）、
DE 区間では、0kNm である。
　（断面の縁に引張が生じる側に描く）

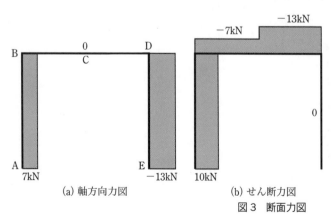

(a) 軸方向力図　　　　(b) せん断力図

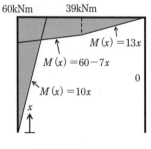

(c) 曲げモーメント図

図 3　断面力図

〈DE 区間の断面力〉

右の柱の断面力を求めるために、図 2(d) のような自由体について 3 つの釣合い式を考える。

$$\sum X = 0：Q = 0\text{kN}$$

$$\sum Y = 0：N + 13 = 0 \rightarrow N = -13\text{kN}$$

$$\sum_x M = 0：M = 0\text{kNm}$$

③断面力図の描き方

以上で得られた断面力を図化すると、図 3 のようになる。図 3 には、以上で得られた断面力の値をまとめたものと、基本的な断面力図の描き方を示している。

2 ラーメンの断面力図の描き方のルール

ラーメンの断面力図の描き方については、本書では図 4 のようなルールを採用している。軸方向力図とせん断力図については、ラーメンの内側を正側とする。曲げモーメント図については、梁と同様に部材の断面の縁が引張となる側に描く。また、曲げモーメント図については、その大きさの絶対値を記載する。一方、軸方向力図とせん断力図については、図中に正負の符号を付けて大きさを表記するのが一般的である。

なお、軸方向力図とせん断力図に関しては正負の描画位置を逆に定義するケースもあるため、どちらの定義が採用されているかを注意深く見る必要がある。

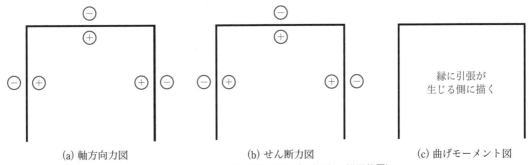

(a) 軸方向力図   (b) せん断力図   (c) 曲げモーメント図

図 4 ラーメンの断面力図の描き方（正負の描画位置）

12 静定ラーメンの断面力と断面力図②
一端固定支持ラーメン

本項では、一端を固定支持され他端が自由端の静定ラーメンの断面力の求め方と断面力図の描き方について説明する。基本的には **11** 項と同じであるが、自由体の釣合い等において差が見られるため、問題等を解いて慣れる必要がある。

1 計算例：水平・鉛直荷重が作用する一端固定・他端自由の静定ラーメン

①支点反力の求め方

図1(a)のような、自由端のE点に水平荷重、梁中央のC点に鉛直荷重が作用する、一端で固定支持された静定ラーメンを考える。支点反力は図1(b)に示す3個で、全体の釣合い式は3個であることから、次のように支点反力が求められる。

$$\sum X = 0 : H_A + 6 = 0 \rightarrow H_A = -6\text{kN}$$

$$\sum Y = 0 : V_A - 6 = 0 \rightarrow V_A = 6\text{kN}$$

$$\sum_A M = 0 : M_A + 6 \times 3 = 0 \rightarrow M_A = -18\text{kNm}$$

②断面力の求め方

断面力を求める際には各区間に分けて考える。梁部材BDでは、C点に鉛直荷重が作用しているため、BC区間とCD区間の2つに分けて考える。各区間について自由体図を示すと、

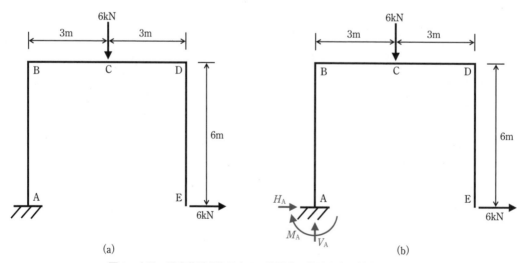

図1　水平・鉛直荷重が作用する一端固定・他端自由の静定ラーメン

図2のようになる。なお、**11**項での計算例と同様に、CD区間、DE区間では、梁の右端D
もしくは右下端Eを原点として座標xをとる方が釣合い式を立てやすくなることから、その
ようにしている。

〈AB区間の断面力〉

　左の柱の断面力を求めるために、図2(a)のようなA端から座標xをとった自由体について
3つの釣合い式を考える。

$$\sum X = 0 : Q - 6 = 0 \rightarrow Q = 6\text{kN}$$

$$\sum Y = 0 : N + 6 = 0 \rightarrow N = -6\text{kN}$$

$$\sum{}_x M = 0 : 6x - 18 - M = 0 \rightarrow M = 6x - 18 \,\text{kNm}$$

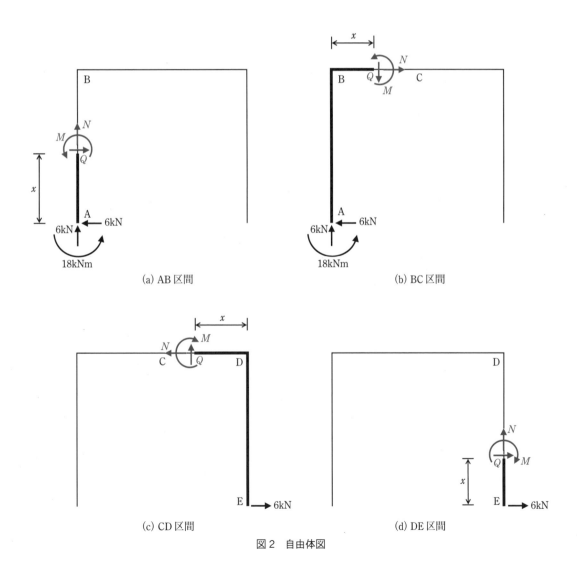

(a) AB区間　　(b) BC区間　　(c) CD区間　　(d) DE区間

図2　自由体図

〈BC 区間の断面力〉

　梁の左半分の断面力を求めるために、図 2(b)のような自由体について 3 つの釣合い式を考える。

$$\sum X = 0 : N - 6 = 0 \rightarrow N = 6\text{kN}$$

$$\sum Y = 0 : -Q + 6 = 0 \rightarrow Q = 6\text{kN}$$

$$\sum_x M = 0 : 6 \times 6 + 6x - M - 18 = 0 \rightarrow M = 6x + 18 \text{ kNm}$$

〈CD 区間の断面力〉

　梁の右半分の断面力を求めるために、図 2(c)のような自由体について 3 つの釣合い式を考える。

$$\sum X = 0 : -N + 6 = 0 \rightarrow N = 6\text{kN}$$

$$\sum Y = 0 : Q = 0\text{kN}$$

$$\sum_x M = 0 : M - 6 \times 6 = 0 \rightarrow M = 36\text{kNm}$$

〈DE 区間の断面力〉

　右の柱の断面力を求めるために、図 2(d)のような自由体について 3 つの釣合い式を考える。

$$\sum X = 0 : Q + 6 = 0 \rightarrow Q = -6\text{kN}$$

$$\sum Y = 0 : N = 0\text{kN}$$

$$\sum_x M = 0 : M - 6x = 0 \rightarrow M = 6x \text{ kNm}$$

〈描き方〉

AB 区間では、軸方向力−6kN で、
BD 区間では、6kN であり、
DE 区間では、0kN である。
　（正値はラーメンの内側に描く）

AB 区間では、せん断力 6kN で、
BC 区間では、6kN であり、
CD 区間では、0kN、
DE 区間では、−6kN である。
　（正値はラーメンの内側に描く）

AB 区間では、曲げモーメント $6x - 18$ kNm で、
BC 間では、$6x + 18$ kNm であり、
CD 区間では、36 kNm、
DE 区間では、$6x$ kNm である。
　（断面の縁に引張が生じる側に描く）

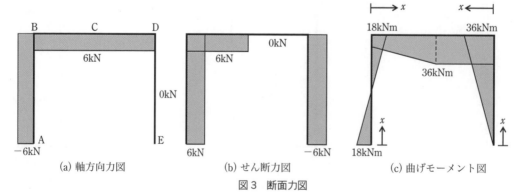

(a) 軸方向力図　　　　　　　(b) せん断力図　　　　　　　(c) 曲げモーメント図

図 3　断面力図

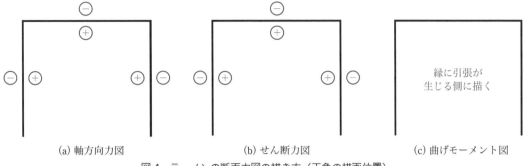

(a) 軸方向力図   (b) せん断力図   (c) 曲げモーメント図

図4　ラーメンの断面力図の描き方（正負の描画位置）

③断面力図の描き方

　⓫項に示したラーメンの断面力図の描き方のルールに従い、以上で得られた断面力を図化すると、図3のようになる。図3には、断面力図の描き方の基本的な手順についても記載している。なお、軸方向力図とせん断力図については、ラーメンの内側を正側として描き、曲げモーメント図については、梁と同様に部材の断面の縁が引張となる側に描いている（図4にラーメンの断面力図の描き方のルールを再掲する）。また、曲げモーメント図については、その大きさの絶対値を記載しているのに対して、軸方向力図とせん断力図については、図中に正負の符号を付けて大きさを表記している。

❷ ラーメンの使用例

　図5にラーメンを使用した建物の例を示す。この建物では、金属系の部材でラーメン架構を形成し、それを長手方向に多数配置することにより木質屋根の荷重を受ける方法を採用している。このように、ラーメン形式の架構は内部に十分な空間を確保することができることから、建物を構成する主要な構造形式として多用されている。

図5　ラーメンの使用例

13 3ヒンジラーメンの断面力と断面力図

本項では、静定ラーメンの1つである3ヒンジラーメンの断面力の求め方と断面力図の描き方について解説する。3ヒンジラーメンの支点反力の求め方については **07** 項で説明した。そこでは、梁部分のヒンジにおける内力が釣合い式に現れない「方法1」と、ヒンジに作用する内力を含めてその左右でそれぞれの釣合い式を考える「方法2」を示したが、ここでは方法1を用いて支点反力を求めた上で、断面力を求める方法について説明する。

1 計算例：水平・鉛直荷重が作用する3ヒンジラーメン

①支点反力の求め方

図1(a)のような、B点に水平荷重、D点に鉛直荷重が作用する3ヒンジラーメンを考える。そのときの支点反力は図1(a)のように設定できる。

まず、**07** 項で説明した方法1を用いて反力を求める。

〈図1(a)の全体の釣合い式〉

3個の釣合い式は次のように表現できる。

$$\sum X = 0 : H_A + H_F + 6 = 0 \quad (他と連立させて) \rightarrow H_A = -2.25\text{kN}$$

$$\sum Y = 0 : V_A + V_F - 6 = 0 \quad (他と連立させて) \rightarrow V_F = 10.5\text{kN}$$

$$\sum_F M = 0 : V_A \times 8 - 6 \times 2 + 6 \times 8 = 0 \rightarrow V_A = -4.5\text{kN}$$

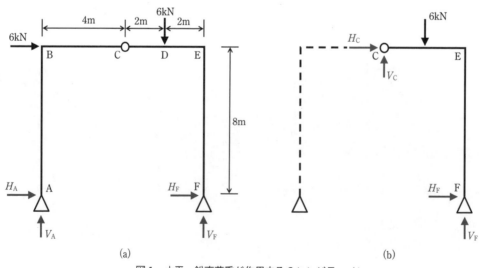

(a)   (b)

図1 水平・鉛直荷重が作用する3ヒンジラーメン

〈図 1(b) の CEF 部分の C 点回りのモーメントの釣合い式〉

$$\sum_C M = 0 : 6 \times 2 - H_F \times 8 - V_F \times 4 = 0 \quad (他と連立させて) \rightarrow H_F = -3.75\text{kN}$$

②断面力の求め方

　断面力を求める際には各区間に分けて考える。C 点にヒンジが存在し、CE 間の D 点に鉛直荷重が作用しているため、CD 区間と DE 区間に分けて考える。各区間について自由体図を示すと、図 2 のようになる。なお、**11**、**12** 項における計算と同様に、CD 区間、DE 区間、EF 区間では、右端 E もしくは右下端 F を原点として座標 x をとる方が釣合い式を立てやすくなることから、そのようにしている。

〈AB 区間の断面力〉

　左の柱の断面力を求めるために、図 2(a) のような自由体について 3 つの釣合い式を考える。

$$\sum X = 0 : Q - 2.25 = 0 \rightarrow Q = 2.25\text{kN}$$

$$\sum Y = 0 : N - 4.5 = 0 \rightarrow N = 4.5\text{kN}$$

$$\sum_x M = 0 : 2.25x - M = 0 \rightarrow M = 2.25x\ \text{kNm}$$

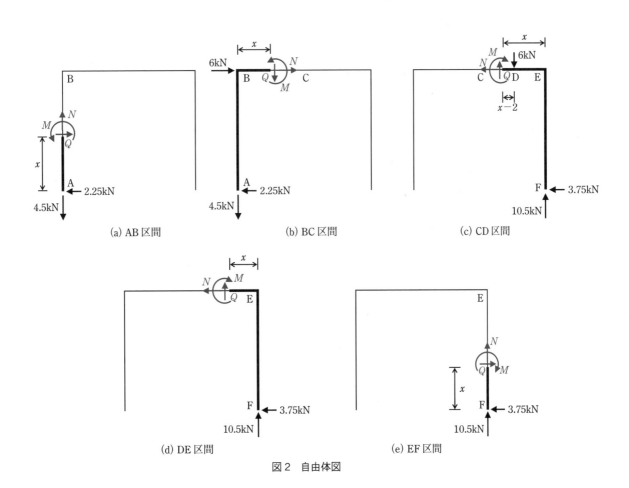

(a) AB 区間　　(b) BC 区間　　(c) CD 区間

(d) DE 区間　　(e) EF 区間

図 2　自由体図

〈BC 区間の断面力〉

　梁の左半分の断面力を求めるために、図2(b)のような自由体について3つの釣合い式を考える。

$$\sum X = 0 : N + 6 - 2.25 = 0 \rightarrow N = -3.75\text{kN}$$

$$\sum Y = 0 : -Q - 4.5 = 0 \rightarrow Q = -4.5\text{kN}$$

$$\sum_x M = 0 : 2.25 \times 8 - 4.5x - M = 0 \rightarrow M = -4.5x + 18 \text{ kNm}$$

〈CD 区間の断面力〉

　梁のヒンジより右の部分 CE の左半分の断面力を求めるために、図2(c)のような自由体について3つの釣合い式を考える。

$$\sum X = 0 : -N - 3.75 = 0 \rightarrow N = -3.75\text{kN}$$

$$\sum Y = 0 : Q + 10.5 - 6 = 0 \rightarrow Q = -4.5\text{kN}$$

$$\sum_x M = 0 : M + 3.75 \times 8 + 6(x - 2) - 10.5x = 0 \rightarrow M = 4.5x - 18 \text{ kNm}$$

〈DE 区間の断面力〉

　梁のヒンジより右の部分 CE の右半分の断面力を求めるために、図2(d)のような自由体について3つの釣合い式を考える。

$$\sum X = 0 : -N - 3.75 = 0 \rightarrow N = -3.75\text{kN}$$

$$\sum Y = 0 : Q + 10.5 = 0 \rightarrow Q = -10.5\text{kN}$$

$$\sum_x M = 0 : M + 3.75 \times 8 - 10.5x = 0 \rightarrow M = 10.5x - 30 \text{ kNm}$$

〈EF 区間の断面力〉

　右の柱の断面力を求めるために、図2(e)のような自由体について3つの釣合い式を考える。

$$\sum X = 0 : Q - 3.75 = 0 \rightarrow Q = 3.75\text{kN}$$

$$\sum Y = 0 : N + 10.5 = 0 \rightarrow N = -10.5\text{kN}$$

$$\sum_x M = 0 : M + 3.75x = 0 \rightarrow M = -3.75x \text{ kNm}$$

③断面力図の描き方

　11項に示したラーメンの断面力図の描き方のルールに従い、以上で得られた断面力を図化すると、図3のようになる。図3には、断面力図とともに、断面力図を描くための基本的な手順も示している。なお、**11**、**12**項でも説明した通り、軸方向力図とせん断力図については、ラーメンの内側を正側として描き、曲げモーメント図については、梁と同様に部材の断面の縁が引張となる側に描いている。また、曲げモーメント図については、その大きさの絶対値を記載しているのに対して、軸方向力図とせん断力図については、図中に正負の符号を付けて大きさを表記している。

〈描き方〉

AB区間では、軸方向力4.5kNで、BE区間では、−3.75kNであり、EF区間では、−10.5kNである。（正値はラーメンの内側に描く）

AB区間では、せん断力2.25kNで、BD区間では、−4.5kNであり、DE区間では、−10.5kN、EF区間では、3.75kNである。（正値はラーメンの内側に描く）

AB区間では、曲げモーメント$2.25x$ kNmで、BC区間では、$-4.5x+18$ kNm、CD区間では、$4.5x-18$ kNm（E端からx）、DE区間では、$10.5x-30$ kNm（E端からx）であり、EF区間では、$-3.75x$ kNmである。（断面の縁に引張が生じる側に描く）

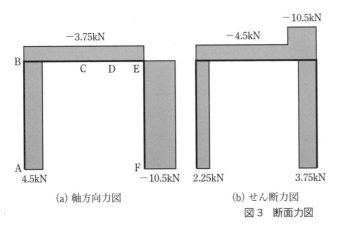

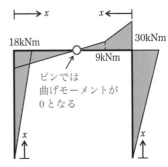

(a) 軸方向力図　　　(b) せん断力図　　　(c) 曲げモーメント図

図3　断面力図

2 方法2の適用の概要

　ここでは、07項で示した方法2による詳細な解析は取り扱わないが、方法2による場合には図4のような自由体について支点反力とヒンジにおける内力を求め、各区間において断面力を求める必要がある。

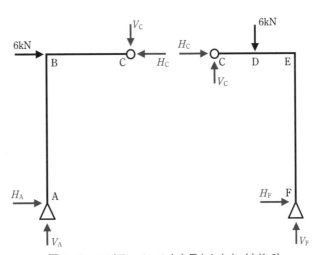

図4　3ヒンジラーメンの支点反力と内力（方法2）

14 構造物の安定・不安定と静定・不静定①
概要と判別式

　建築構造物は人間が活動し居住する空間であるため、安全かつ安定している必要がある。ここでは、構造物の安定・不安定の概念と、安定な構造物の中でも「力の釣合いから反力や構造物内部に生じる断面力（内力）などの諸量が求められるかどうか」の判定に基づき分類される静定・不静定の区分について解説する。

1 安定と不安定

　これまでは、梁やラーメンを扱ってきたが、ここでは軸方向力のみを負担し部材間がピンで接合されたトラス構造物を取り上げる（トラス構造物の概要とその解析法については、16〜18項で説明する）。図1に、ピン支点やローラー支点で支持された1層1スパンのトラス構造物の中で安定なものを示す。安定な構造物とは、荷重が作用したときに、部材が抵抗することにより大きな変位や変形を生じない構造物をいう。

　一方、図2に、外的あるいは内的に不安定なトラス構造物の例を示す。一般に、図1のような三角形やその組み合わせにより安定となる構造物をトラスと呼ぶが、ここでは広い意味で、軸方向力のみを負担し部材間がピンで接合された構造物をトラスと呼んでいる。外的とは、支持機構に関する不安定性を表しており、内部の構造物の形状変化（変形）を拘束したときに、外力に対する構造物の変位が一意に定まるかどうかにより判定される。図2では、

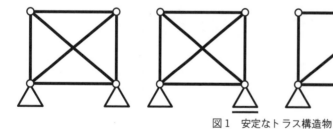

図1　安定なトラス構造物

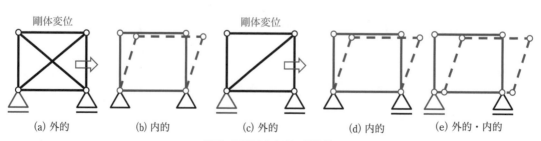

(a) 外的　　　(b) 内的　　　(c) 外的　　　(d) 内的　　　(e) 外的・内的

図2　不安定なトラス構造物

(a)、(c)、(e)が外的不安定に該当し、これらは赤で示した左側のローラー支点をピン支点にすることで外的安定となる（両方ともローラー支点の場合には横移動し、変位が一意に定まらない）。それに対して、内的とは、構造物に外力が作用したときに、構造物の内部でその形状が保たれるかどうかにより判定される。図2では、外力に対して変形する(b)、(d)、(e)が内的不安定に該当する。

２ 静定と不静定

　次に、静定・不静定について見てみよう。外的にも内的にも安定な構造物の中で、図3のように、構造物内のすべての反力と断面力（ここでは部材軸力）が力の釣合い条件だけから求められるような構造物を静定構造物と呼び、図4のように力の釣合い条件だけからは求められないようなものを不静定構造物と呼ぶ。ここでも、外的・内的の分類が可能であり、全体の釣合いから支点反力が求められないものを外的に不静定といい、反力は求められるものの構造物内部の部材の断面力が力の釣合いだけからは求められないものを内的に不静定とい

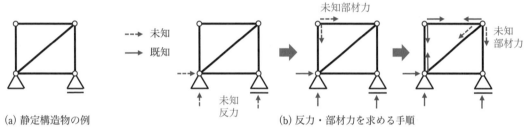

(a) 静定構造物の例　　　　　　　　　　(b) 反力・部材力を求める手順
図3　静定構造物の例と反力・部材力を求める手順

(a) 外的・内的　　　(b) 内的　　　(c) 外的
図4　不静定構造物

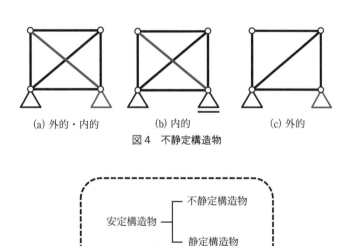

図5　安定・不安定構造物と静定・不静定構造物の関係

う。図4では、(a)、(c)が外的に不静定であり、(a)、(b)が内的に不静定である。内的に不静定なものは、赤で示したトラス部材を取り去ると内的に静定となり、外的に不静定なものは、右側のピン支点をローラー支点に置き換えると外的に静定となる。

安定・不安定構造物と静定・不静定構造物の関係を図5に示す。

3 梁の安定・不安定と静定・不静定

次に、梁の安定・不安定と静定・不静定について説明する。図6に、両端をピン支点またはローラー支点で支持された3種類の梁を示す。rは反力の数を表し、3は釣合い式の数を表す。このうち、rが3以上である中央（単純梁）と右端のものが安定構造物であり、rが3を下回る左端のものは不安定構造物（外的）である。また、中央の単純梁は静定であり、右端のものは外的に不静定である。

4 トラス構造物の安定・不安定の判別式

トラス構造物の全体的安定の判別式を図7に示す。rは反力の数、mは部材の数（部材力の数）、jは節点の数を表す。部材力の解析の詳細は 16 項で解説するが、トラス構造では節点

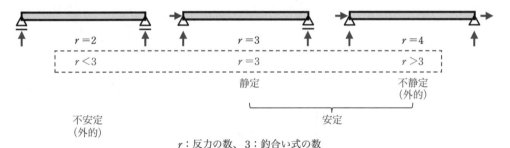

図6　梁の安定・不安定と静定・不静定の判別例

判別式
$$n_g = (r+m) - 2j$$

r：反力の数
m：部材の数（部材力の数）
j：節点の数
（$2j$：釣合い式の数）

$n_g < 0$　全体的不安定の十分条件
　　　　（未知数の数が釣合い式の数より少ない）

$n_g \geqq 0$　全体的安定の必要条件
　　　　（未知数の数が釣合い式の数より多いか等しい）

図7　トラス構造物の全体的安定の判別式

（ピン節点）ごとに X 方向と Y 方向の2個の釣合い式が成立する必要があるため、全体の釣合い式の数は $2j$ である。このとき、未知数（反力と部材力）の数 $(r+m)$ が釣合い式の数より少なければ、すべての釣合い式を満足することができなくなる。その場合、トラス構造物は不安定となり、$n_g=(r+m)-2j$ を用いて全体的不安定の十分条件は $n_g<0$ となる。一方、未知数（反力と部材力）の数 $(r+m)$ が釣合い式の数より多いか等しいという条件 $n_g\geq0$ は全体的安定の必要条件となる。ただし、これは必要条件であり、この条件が満たされたからといって必ずしも安定となるわけではない。

図8に、静定単純トラスとなるための必要条件を示す。この条件は、$n_g=(r+m)-2j=0$ の場合に相当することと、$r=3$（単純支持のときの支点反力数）の2つから導かれている。

また図9には、外的不静定トラスの一例を示す。左上の節点から力の釣合いを用いて順次解析を進めて行くと、このケースではピン支点をつなぐトラスには伸縮が生じておらず（ピン支点の間には相対変位が存在しないため）、その部材には軸方向力が発生していない。したがって、左上の節点から始めた解析により、すべての部材力と支点反力が求められる。しかしながら、釣合い式以外の条件を一部用いているため、釣合い条件だけという観点からは外的不静定トラスであるといえる。

必要条件
$m=2j-3$
　m：部材の数（部材力の数）
　j：節点の数

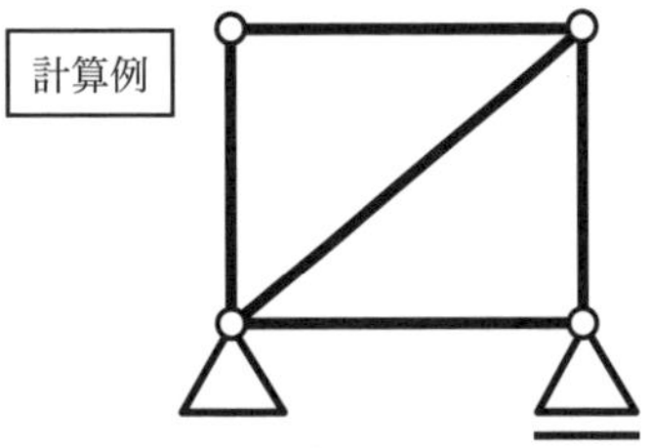

計算例

部材の数 $m=5$
節点の数 $j=4$

$2j-3=2\times4-3=5=m$ で必要条件を満たす。

図8　静定単純トラスとなるための必要条件

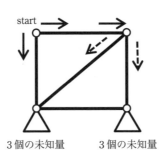

3個の未知量　　3個の未知量
図9　外的不静定トラス

15 構造物の安定・不安定と静定・不静定②
不静定次数、安定から不安定への移行

　本項では、最初に単純なラーメンを取り上げて不静定次数の求め方について説明し、後半では、材料が弾性限界（35 項で説明する降伏応力の点）を超えて挙動するときに、構造が不静定から静定に移行し、さらには安定から不安定に移行することについて述べる。

1 不静定次数

　図1に示すラーメン構造はすべて安定構造物であり、その中でも不静定構造物である。支持条件に関する不静定に限定すると、反力の数から構造物全体の釣合い式の数3を引いたものを不静定次数という。図1(a)の2点でピン支持された1層1スパンの門型ラーメンについては、未知反力の数4から全体の釣合い式の数3を引いた4－3＝1が不静定次数となる。また、図1(b)の2点で固定支持された1層1スパンのラーメンについては、反力の数6から全体の釣合い式の数3を引いた6－3＝3が不静定次数となる。図1(c)の2点でピン支持された1層1スパンの箱型ラーメンについては、図1(a)の門型ラーメンとは異なり、支持条件（外的）以外に内的にも不静定構造を有している。このような場合には、外的と内的を分けて、外的には反力の数4から全体の釣合い式の数3を引いた4－3＝1が外的な不静定次数となる。一方、内的には3つの断面力に対応する拘束を取り除くことにより内的に静定とすることが

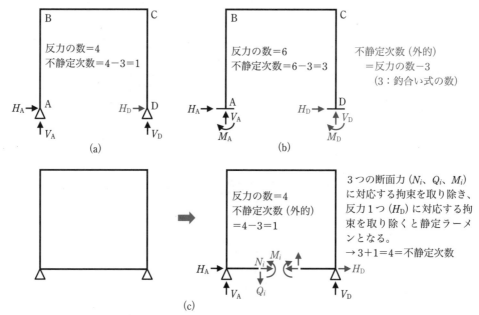

図1　不静定ラーメンの不静定次数の求め方

できる。したがって、外的1＋内的3＝4が不静定次数となる。

2 荷重の増加による安定構造（不静定・静定）から不安定構造への移行

　以下では、構造物に作用する荷重が増加し、材料が弾性限界を超えて挙動するときに、構造が不静定から静定に移行し、さらには安定から不安定に移行することについて解説する。なお、静定構造物では、安定から不安定に直接移行する（図2）。

　35〜38項で後述する材料が弾性限界を超えたときの解析では、荷重の増加とともに部材の一部が弾性限界を超え、断面のすべての点が引張か圧縮の降伏応力に達してそれ以上大きな曲げモーメントを負担できない塑性ヒンジ（その点での曲げモーメントの値を全塑性モーメントという）と呼ばれる点が次々に形成されていく。最初は不静定構造であったものが塑性ヒンジの生成とともに静定構造を通過し（塑性ヒンジの形成箇所では全塑性モーメントの値の曲げモーメントが作用する問題となる）、機構（14項の図2(b)、(d)、(e)に示したピン接合された四辺形のトラス構造物など）を形成して最終的に不安定となる。そのような塑性ヒンジを形成してそれ以上の荷重に抵抗できなくなる状態を塑性崩壊（35〜38項で説明）という。塑性崩壊の状態になると、さらに大きな外力に対して釣合いが成立しなくなる。

①単純梁（静定構造）

　例えば、図3のような単純梁の中央に、大きさが単調に増加する集中荷重が作用する場合を考える。この場合には、中央の曲げモーメントが最大値をとり、荷重の漸増とともにその点が最初に全塑性モーメントに達する。単純梁は静定構造であるため、1つの塑性ヒンジが形成されると機構（メカニズム）が形成され（上記の通り、塑性ヒンジの形成箇所では全塑性モーメントと呼ばれる一定の曲げモーメント M_P が生じる）、これ以上の荷重には抵抗できずに不安定となる。

図2　構造物に作用する荷重の増加による安定構造から不安定構造への移行

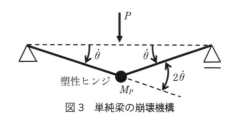

図3　単純梁の崩壊機構

②一端固定・他端ローラー支持の梁（不静定構造）

　次に、図4に示すような、一端を固定、他端をローラーで支持された梁の中央に集中荷重が作用する場合を考えてみよう。この梁は1次不静定であるため（支点反力4個に対して全体の釣合い式が3個であり、4－3＝1で1次不静定）、図4(a)のように固定端に1つの塑性ヒンジが形成されただけでは機構的には単純梁と同等の静定構造となる（A端に反時計回りのモーメント荷重M_Pが作用した単純梁）。さらに荷重が増加し、図4(b)のように梁中央にも塑性ヒンジが形成されると機構（メカニズム）が形成され、これ以上の荷重には抵抗できずに不安定となる（図4(c)）。

　不静定構造では、まず弾性部材（材料が降伏しない部材）から構成される構造物に対して、**31**〜**34**項で後述される応力法や変位法を用いて曲げモーメント図を求める必要がある。その上で、その曲げモーメント図から全塑性モーメントに対する曲げモーメントの値の比が最大となる点を見いだして、その断面を最初に塑性ヒンジができる断面として設定し、その点での曲げモーメントを全塑性モーメントとして固定することで、再度解析を進めることになる。図4の例では、固定端に1つの塑性ヒンジが形成されると、左端に一定のモーメント荷重（反時計回り）が作用する単純梁となるため、曲げモーメント図の解析は容易となる。

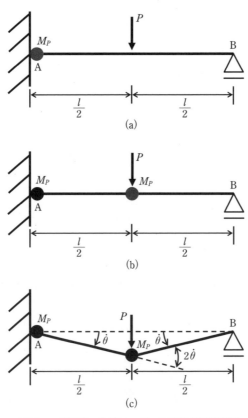

図4　一端固定・他端ローラー支持梁の崩壊機構

③２スパン連続梁（不静定構造）

31〜34項で後述する不静定梁の解析では、不静定力と呼ばれる断面力もしくは反力（図1の断面力 N_i、Q_i、M_i もしくは反力 H_D）を選定した後に、対応する変位・変形の拘束を取り除いて静定構造物とし、変形の適合条件から不静定力を求めることとなる。例えば、図5のような、連続梁 ABC の区間 AB の中央に集中荷重が作用している場合には、B 点での曲げモーメントを不静定力（モーメント）として選定し、図6のような２つの単純梁に分割してそれぞれの材端回転角（変形した後の材軸線が水平軸となす角度の材端における値）を求め、その適合条件（複数の部材の材端回転角が材端で滑らかにつながる）から不静定力（モーメント）を決定することとなる。

図5の連続梁（全塑性モーメントは全領域で一定）を上記の解析手順で解析すると（詳細は31項参照）、D 点における曲げモーメントの値が $\dfrac{13Pl}{64}$ で最大となり（B 点では $\dfrac{3Pl}{32}$）、まずそこに塑性ヒンジが生じる(図7(a))。さらに荷重を漸増させると B 点における曲げモーメントが全塑性モーメントに達して機構（メカニズム）を形成し塑性崩壊が生じることとなる（図7(b)）。

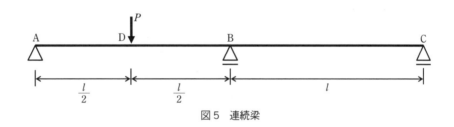

図5 連続梁

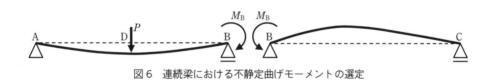

図6 連続梁における不静定曲げモーメントの選定

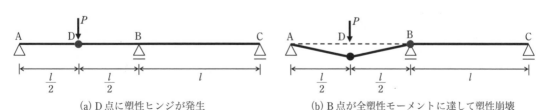

(a) D 点に塑性ヒンジが発生　　　　　　(b) B 点が全塑性モーメントに達して塑性崩壊

図7 連続梁における塑性ヒンジの形成と崩壊機構

16 トラスの概要

1 トラスの特徴

　軸方向の剛性を有する棒材を曲げモーメントを伝達しないピンで接続して1つの構造物を形づくる場合、図1(a)のように4本の棒材を用いると機構（荷重が作用したときに大きく変位するシステム）を形成して形状は安定しない。それに対して、図1(b)のように、3本の棒材を用いると安定した構造となる。このような構造をトラスと呼ぶ。

　04〜13項で取り扱った梁やラーメン構造は主として材の曲げ抵抗により力に対して抵抗するのに対して、トラスは材の軸剛性（伸縮に関する抵抗）により力に対して抵抗する。19〜22項で後述するが、曲げにより部材断面に生じる垂直応力は図心（重さが一定の場合には重心と一致）付近で小さくなり、断面の縁で大きくなる。すなわち、建築物において、曲げ抵抗を有する水平材には建築計画的な意味において大きな役割を期待できる反面、断面のすべての位置での伸縮抵抗（伸び縮みによる抵抗）に関してはあまり有効とはいえない。これに対して、トラスでは、ピン接合が十分に機能する前提のもとでは断面に一様な垂直応力が生じ、部材の全断面が抵抗するため、伸縮抵抗としては有効である（05項参照）。

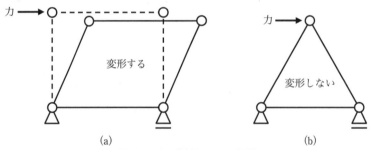

図1　4本の棒材における機構とトラス

(a) 平面トラス（空港ロビー）

(b) 立体トラス（駅舎）

図2　平面トラスと立体トラスの使用例

2 トラスの種類

　トラスのうち、1つの平面上に組まれたトラスを平面トラス、立体的に組まれたトラスを立体トラスと呼ぶ。図2に空港ロビーにおける平面トラスの使用例と駅舎における立体トラス屋根の例を、図3に平行弦トラスと迫り持ちトラスの例を示す。

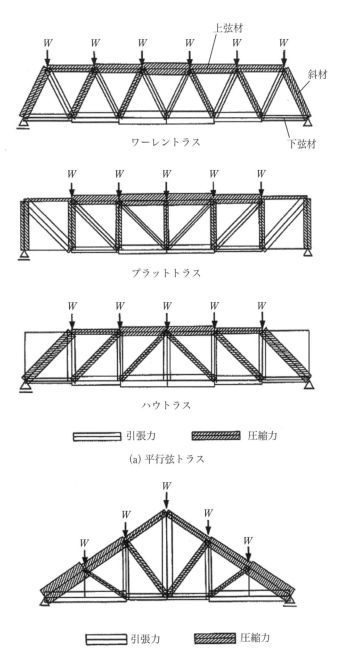

(a) 平行弦トラス

(b) 迫り持ちトラスの1つであるキングポストトラス

図3　平面トラスとしての平行弦トラスと迫り持ちトラスの例

（出典：日本建築学会『構造入門教材 ちからとかたち』1994年、p.27に筆者加筆）

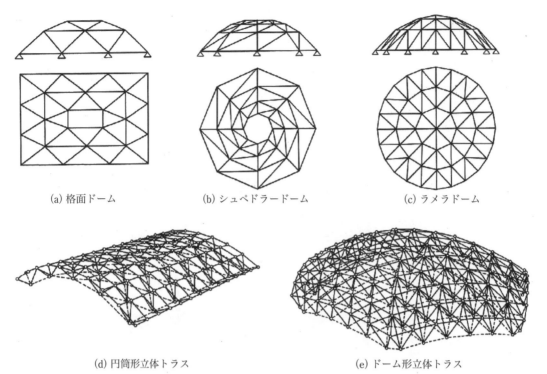

(a) 格面ドーム　　　　　　　(b) シュペドラードーム　　　　　　(c) ラメラドーム

(d) 円筒形立体トラス　　　　　　　　　　　(e) ドーム形立体トラス

図4　立体トラスの例 (出典：日本建築学会『構造用教材［デジタル版］』2014年、p.35)

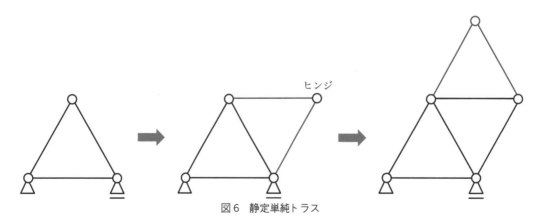

図5　立体トラスの使用例

ヒンジ

図6　静定単純トラス

立体トラスは大空間の屋根によく用いられ、平板状、曲面板状のものがある。また、材が
すべて同一曲面の上に存在する単層トラス（図4(a)～(c)）の他に、上弦材・下弦材・斜材
から構成される複層トラス（図4(d)、(e)）がある。単層トラスの場合には、屋根の厚さ分だ
け高さを低くできるメリットがある。図5にその他の立体トラスの例を示す。先述のように、
トラス構造は軸剛性により抵抗するため曲げ材に比べて力学的に合理的であり、軽快な印象
を与える。さらに、トラス構造そのものが建物利用者から見えることが多く、構造デザイン
の重要な要素として幅広く用いられている。

また、図6に示すように、ヒンジの数を1個増やすごとに2本の部材が追加できるような
静定のトラスを静定単純トラスと呼ぶ。

3 全体的安定の判別式

14 項で示した平面トラスの全体的安定の判別式を図7に再掲する。パラメーター $n_g = (r + m) - 2j$ を用いて、全体的不安定の十分条件は $n_g < 0$ となる（未知数の数 $(r+m)$ が釣合い
式の数 $2j$ よりも少ない場合にはすべての釣合い式を満足することができない）。一方、未知
数の数 $(r+m)$ が釣合い式の数 $2j$ より多いか等しいという条件 $n_g \geqq 0$ は全体的安定の必要
条件となる。14 項でも説明したように、これは必要条件であり、この条件が満たされたから
といって必ずしも安定となるわけではない。

また、ここでは節点における力の釣合いに関する条件から全体的安定の判別式について説
明したが、29、30 項で説明する座屈が各トラス部材やトラス構造物全体で問題となることも
しばしば発生するため、そのような検討も必要となる。

判別式
$n_g = (r + m) - 2j$ r：反力の数
                       m：部材の数（部材力の数）
                       j：節点の数
                       $(2j$：釣合い式の数）

$n_g < 0$ 全体的不安定の十分条件
        （未知数の数が釣合い式の数より少ない）

$n_g \geqq 0$ 全体的安定の必要条件
        （未知数の数が釣合い式の数より多いか等しい）

図7 平面トラスの全体的安定の判別式

17 静定トラスの部材力①
節点法

平面静定トラスの部材力（軸方向の内力）の解析法には、節点法と切断法の2つがある。

本項でまず取り上げる節点法は、2部材が接続する節点での力の釣合いを考え、部材力を求める方法である。節点まわりの自由体を考えると、本来は3個の釣合い式が存在するが、ピン節点では内力としてのモーメントが0となり、部材力もピンの点を通るため、モーメントの釣合い式は立てられない。したがって、1節点につき2個の釣合い式が存在することになる。本項では、節点法による静定トラスの解析について説明する。

■1 計算例①：単純支持された正三角形静定トラス

図1(a)に示すように、単純支持された正三角形静定トラスの頂部に水平力 P が作用する場合を考える。最初に支点反力を求めるために、全体の釣合いを考える。

$$\sum X = 0：H_A + P = 0 \rightarrow H_A = -P$$

$$\sum Y = 0：V_A + V_C = 0 \text{（下式と連立させて）} \rightarrow V_A = -\frac{\sqrt{3}}{2}P$$

$$\sum_A M = 0：P \times \frac{\sqrt{3}}{2}l - V_C \times l = 0 \rightarrow V_C = \frac{\sqrt{3}}{2}P$$

図1(b)のような節点まわりの自由体を考え、それぞれの自由体について水平方向と鉛直方向の力の釣合いを考える。図中の S_1、S_2、S_3 が求めたい部材力である。この計算例では、すべての節点に2部材が集まっているため、どの節点から解析を進めてもよい。以下では、各節点まわりの自由体の釣合いを個別に記述する。

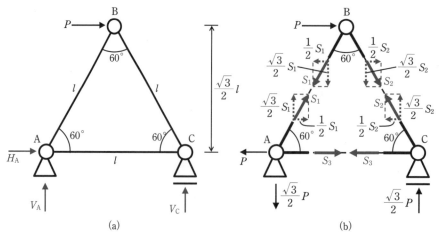

(a)   (b)

図1 単純支持された正三角形静定トラスにおける節点法の適用

〈節点 A〉

$$\sum X = 0 : \frac{1}{2}S_1 + S_3 - P = 0 \ (\text{下式と連立させて}) \ \rightarrow S_3 = \frac{P}{2}$$

$$\sum Y = 0 : \frac{\sqrt{3}}{2}S_1 - \frac{\sqrt{3}}{2}P = 0 \rightarrow S_1 = P$$

〈節点 B〉

$$\sum X = 0 : -\frac{1}{2}S_1 + \frac{1}{2}S_2 + P = 0$$

$$\sum Y = 0 : -\frac{\sqrt{3}}{2}S_1 - \frac{\sqrt{3}}{2}S_2 = 0 \ (\text{上式と連立させて}) \rightarrow S_1 = P \ (\text{上記と一致})、 S_2 = -P$$

〈節点 C〉

$$\sum X = 0 : -S_3 - \frac{1}{2}S_2 = 0 \ (\text{上記の結果を代入しても成立})$$

$$\sum Y = 0 : \frac{\sqrt{3}}{2}S_2 + \frac{\sqrt{3}}{2}P = 0 \rightarrow S_3 = \frac{P}{2} \ (\text{上記と一致})$$

② 計算例②：単純支持された正方形静定トラス

次に、図2(a)に示すように、単純支持された正方形静定トラスの頂部に2つの水平力 P と1つの鉛直力 P が作用する場合を考える。まずは支点反力を求めるために、全体の釣合いを考える。

$$\sum X = 0 : H_A + P + P = 0 \rightarrow H_A = -2P$$

$$\sum Y = 0 : V_A + V_D - P = 0 \ (\text{下式と連立させて}) \rightarrow V_A = -P$$

$$\sum_A M = 0 : P \times l + P \times l - V_D \times l = 0 \rightarrow V_D = 2P$$

図2(b)のような節点まわりの自由体を考え、それぞれの自由体について水平方向と鉛直方

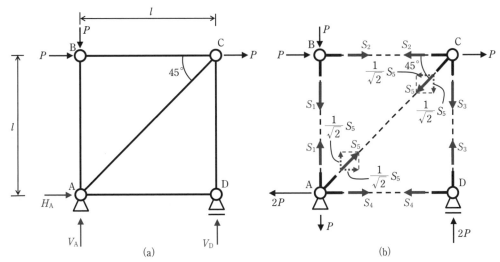

図2　単純支持された正方形静定トラスにおける節点法の適用

向の力の釣合いを考える。図中のS_1、S_2、S_3、S_4、S_5が求めたい部材力である。この計算例では、節点 B、D に 2 部材が集まっているため、その節点から解析を進めるとよい。以下では、節点ごとに順次解析を進めるのではなく、各節点まわりの自由体の釣合いを個別に記述している。

〈節点 A〉

$$\sum X = 0 : \frac{1}{\sqrt{2}} S_5 + S_4 - 2P = 0 \quad (他節点から得られる部材力はこの式を満足)$$

$$\sum Y = 0 : S_1 + \frac{1}{\sqrt{2}} S_5 - P = 0 \quad (他節点から得られる部材力はこの式を満足)$$

〈節点 B〉

$$\sum X = 0 : S_2 + P = 0 \rightarrow S_2 = -P$$

$$\sum Y = 0 : -S_1 - P = 0 \rightarrow S_1 = -P$$

〈節点 C〉

$$\sum X = 0 : -S_2 - \frac{1}{\sqrt{2}} S_5 + P = 0 \quad (上式と連立させて) \rightarrow S_5 = 2\sqrt{2}\,P$$

$$\sum Y = 0 : -\frac{1}{\sqrt{2}} S_5 - S_3 = 0 \quad (他節点から得られる部材力はこの式を満足)$$

〈節点 D〉

$$\sum X = 0 : -S_4 = 0 \rightarrow S_4 = 0$$

$$\sum Y = 0 : S_3 + 2P = 0 \rightarrow S_3 = -2P$$

この例では、全体の釣合いからまず支点反力を求め、その後各節点での釣合いから部材力を求めた。しかしながら、別の解き方として、支点反力を最初に求めるのではなく、まず 2 部材が集まる節点 B の釣合いから部材力 S_1、S_2 を求め、その後順次、節点 C の釣合いから S_3、S_5 を、節点 D の釣合いから S_4 と支点反力 V_D を、節点 A の釣合いから支点反力 H_A、V_A を求める方法も考えられる。

また、節点 D のように、部材の接続状況と荷重の作用状況により、$S_4 = 0$ の結果がすぐに導かれる場合もある。

3 計算例③：単純支持された 5 部材静定トラス

次に、図 3(a) のような 5 部材静定トラスを考える。まずは全体の釣合い式より支点反力を求める。

$$\sum X = 0 : H_A = 0$$

$$\sum Y = 0 : V_A + V_D - P - P = 0 \quad (下式と連立させて) \rightarrow V_D = 3P$$

$$\sum_D M = 0 : V_A \times l + P \times l = 0 \rightarrow V_A = -P$$

図 3(b) のような節点まわりの自由体を考え、それぞれの自由体について水平方向と鉛直方

向の力の釣合いを考える。図中の S_1、S_2、S_3、S_4、S_5 が求めたい部材力である。この計算例では、2部材が集まっている節点 A、C から解析を進めるとよい。以下では、節点ごとに順次解析を進めるのではなく、各節点まわりの自由体の釣合いを個別に記述している。

〈節点 A〉

$$\sum X = 0 : \frac{1}{\sqrt{2}} S_1 + S_5 = 0 \ \text{(下式と連立させて)} \to S_5 = -P$$

$$\sum Y = 0 : \frac{1}{\sqrt{2}} S_1 - P = 0 \to S_1 = \sqrt{2}\,P$$

〈節点 B〉

$$\sum X = 0 : -\frac{1}{\sqrt{2}} S_1 + S_2 = 0 \ \text{(上式と連立させて)} \to S_2 = P$$

$$\sum Y = 0 : -\frac{1}{\sqrt{2}} S_1 - S_4 - P = 0 \ \text{(上式と連立させて)} \to S_4 = -2P$$

〈節点 C〉

$$\sum X = 0 : -S_2 - \frac{1}{\sqrt{2}} S_3 = 0 \ \text{(上式と連立させて)} \to S_3 = -\sqrt{2}\,P$$

$$\sum Y = 0 : -\frac{1}{\sqrt{2}} S_3 - P = 0 \to S_3 = -\sqrt{2}\,P \ \text{(上記と一致)}$$

〈節点 D〉

$$\sum X = 0 : \frac{1}{\sqrt{2}} S_3 - S_5 = 0 \ \text{(上式と連立させて)} \to S_5 = -P \ \text{(上記と一致)}$$

$$\sum Y = 0 : \frac{1}{\sqrt{2}} S_3 + S_4 + 3P = 0 \ \text{(上式と連立させて)} \to S_3 = -\sqrt{2}\,P \ \text{(上記と一致)}$$

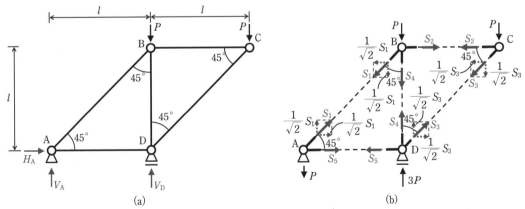

図3　単純支持された5部材静定トラスにおける節点法の適用

18 静定トラスの部材力②
切断法

　本項では、静定トラスのもう1つの代表的な解析法である切断法について説明する。08〜13項で説明した梁やラーメンでは、部材軸上のある位置で仮想的に切断した自由体を考え、その断面に作用する断面力を求めた。本項で紹介する切断法は、トラスに同様の考え方を適用して部材力を求める方法である。後述するように、単純支持形式の場合には、外的に静定（支点反力が全体の釣合いから求められている）であれば必ずしも内的に静定でなくてもよい。また、片持支持形式の場合には、必ずしも外的にも内的にも静定である必要はない。

1 計算例①：単純支持された平面静定トラス

　図1に示すような単純支持された平面静定トラスにおいて、A 点に水平荷重 P が、B 点に鉛直荷重 P が作用する場合を考える。図中の S_1、S_2、S_3 が求めたい部材力である。

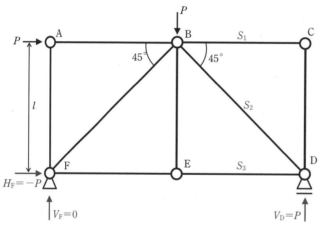

図1　単純支持された平面静定トラス

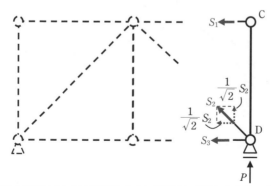

図2　部材力を求めたい部材を通るように仮想的に切断したときの自由体図

まずは支点反力を求めるために、全体の釣合いを考える。

$$\sum X = 0：H_{\mathrm{F}} + P = 0 \rightarrow H_{\mathrm{F}} = -P$$

$$\sum Y = 0：V_{\mathrm{F}} + V_{\mathrm{D}} - P = 0（下式と連立させて）\rightarrow V_{\mathrm{F}} = 0$$

$$\sum{}_{\mathrm{F}}M = 0：P \times l + P \times l - V_{\mathrm{D}} \times 2l = 0 \rightarrow V_{\mathrm{D}} = P$$

切断法では、図2に示すように、部材力を求めたい部材を通るようにトラス構造を仮想的に切断し、図のような自由体を考える。この自由体について3個の力の釣合い式を考えると次式が得られ、その連立方程式を解くことで部材力が求められる。

$$\sum X = 0：-S_1 - \frac{1}{\sqrt{2}} S_2 - S_3 = 0（下式と連立させて）\rightarrow S_3 = P$$

$$\sum Y = 0：\frac{1}{\sqrt{2}} S_2 + P = 0 \rightarrow S_2 = -\sqrt{2}\,P$$

$$\sum{}_{\mathrm{D}}M = 0：S_1 \times l = 0 \rightarrow S_1 = 0$$

2 計算例②：単純支持された少し複雑な平面静定トラス

次に、少し複雑なモデルとして、図3に示すような単純支持された平面静定トラスにおいて、B、C点に鉛直荷重 P と $2P$ が作用する場合を考える。図中の S_1、S_2、S_3 が求めたい部材力である。

まずは支点反力を求めるために、全体の釣合いを考える。

$$\sum X = 0：H_{\mathrm{H}} = 0$$

$$\sum Y = 0：V_{\mathrm{H}} + V_{\mathrm{E}} - P - 2P = 0（下式と連立させて）\rightarrow V_{\mathrm{H}} = \frac{4}{3} P$$

$$\sum{}_{\mathrm{H}}M = 0：P \times l + 2P \times 2l - V_{\mathrm{E}} \times 3l = 0 \rightarrow V_{\mathrm{E}} = \frac{5}{3} P$$

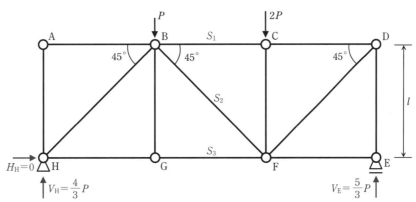

図3 単純支持された少し複雑な平面静定トラス

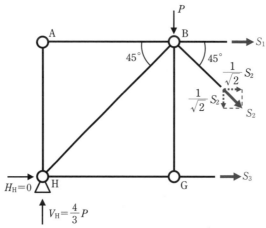

図4　部材力を求めたい部材を通るように仮想的に切断したときの自由体図

　先の計算例と同様に、図4に示すように、部材力を求めたい部材を通るように仮想的に切断し、図のような自由体を考える。この自由体について3個の力の釣合い式を考えると次式が得られ、その連立方程式を解くことで部材力が求められる。

$$\sum X = 0 : S_1 + \frac{1}{\sqrt{2}} S_2 + S_3 = 0 \;(下式と連立させて) \rightarrow S_3 = \frac{4}{3} P$$

$$\sum Y = 0 : -\frac{1}{\sqrt{2}} S_2 - P + \frac{4}{3} P = 0 \rightarrow S_2 = \frac{\sqrt{2}}{3} P$$

$$\sum_G M = 0 : \frac{4}{3} P \times l + S_1 \times l + S_2 \times \frac{\sqrt{2}}{2} l = 0 \;(上式と連立させて) \rightarrow S_1 = -\frac{5}{3} P$$

3 計算例③：単純支持された内部不静定の平面トラス

　次に、図5に示すような単純支持された内部不静定の平面トラス（外的には静定）において、B、C点に図3と同様に鉛直荷重Pと$2P$が作用する場合を考える。図中のS_1、S_2、S_3が

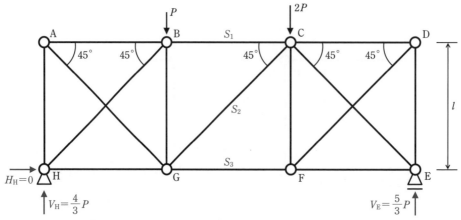

図5　単純支持された内部不静定の平面トラス（外的には静定）

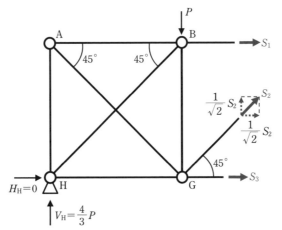

図6　部材力を求めたい部材を通るように仮想的に切断したときの自由体図

求めたい部材力である。内部架構が異なるだけであるため、支点反力は図3と同様である。

　このトラスは外的には静定であるが、内的には不静定である。したがって、**17**項で示した節点法を利用することができない。しかしながら、切断法では解析可能である。図4と同様、図6のように部材力を求めたい部材を通るように仮想的に切断し、図のような自由体を考える。この自由体について3個の力の釣合い式を考えると次式が得られ、その連立方程式を解くことで部材力が求められる。

$$\sum X = 0 : S_1 + \frac{1}{\sqrt{2}} S_2 + S_3 = 0 \text{（下式と連立させて）} \rightarrow S_3 = \frac{5}{3} P$$

$$\sum Y = 0 : \frac{1}{\sqrt{2}} S_2 - P + \frac{4}{3} P = 0 \rightarrow S_2 = -\frac{\sqrt{2}}{3} P$$

$$\sum_G M = 0 : \frac{4}{3} P \times l + S_1 \times l = 0 \rightarrow S_1 = -\frac{4}{3} P$$

　以上、切断法について解説してきたが、部材力を求めたい部材が存在する箇所でトラスを仮想的に切断し、自由体の釣合いから未知の部材力を求める切断法は、節点法と異なり、節点ごとに順次解析を進める必要がない。したがって、一部に内的に不静定な部分が存在しても解析を進めることが可能である。

　本項では切断法について説明したが、節点における部材の接続状況と荷重の作用状況から、その節点に接続する部材の部材力が即座にわかるような場合がある。例えば、図1のAF、BC、CD、BEの部材力、図3のAB、AH、BG、EFの部材力は0となることがわかる。

19 曲げ部材の断面に生じる応力と断面諸量

1 垂直応力とせん断応力

　単位面積あたりに作用する力のことを応力（あるいは応力度）といい、曲げを受ける部材の断面には垂直応力とせん断応力が生じる（図1）。本項では、それらの応力について説明する。一部で積分表現を用いているが、(10)、(14)式が以降の説明に必要な式であるため、積分表現に慣れていない読者は、積分表現の部分は飛ばして読んでいただいても問題ない。

2 1次元棒材の理論における断面力と垂直応力・せん断応力

　部材の断面のせいdが部材長lに比べて十分に小さい場合には（d/lが$1/10$程度あるいはそれ以下。**04**項参照）、せん断変形によるたわみは曲げ変形によるたわみに比べて無視できるほど小さいと見なすことができる（図2(a)）。また、断面に生じるせん断変形の大きさ（言い換えればせん断応力の大きさ）が断面のせいの方向に変化すると、断面はゆがみ、平面ではなくなる。このような状況では、断面の平面保持の仮定（平面は保つと仮定するが材軸との角度は直角でなくなる）や法線保持の仮定（断面と材軸の角度が直角）が種々の理論を考える上で重要となる。断面の平面保持の仮定と法線保持の仮定を前提とする理論をベルヌーイ・オイラー梁理論と呼び、以降ではその理論に基づいて解説を行う。

　なお、梁部材に作用する曲げモーメント・せん断力・軸方向力の正負の向きは図2(b)のように定義する。

　曲げを受ける部材には、図3に示すような垂直応力の他にせん断応力も存在する。図3に

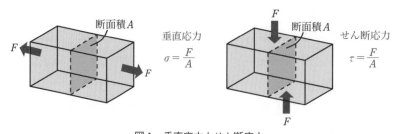

図1　垂直応力とせん断応力

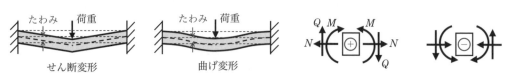

(a) せん断変形と曲げ変形によるたわみ　　　(b) 曲げモーメント・せん断力・軸方向力の正負の向き

図2　梁部材のたわみと曲げモーメント・せん断力・軸方向力の正負の向き

は曲げモーメント（およびせん断力）が作用する場合の垂直応力（曲げ応力ともいう）とせん断応力の分布や、曲げモーメントに加えて軸力も作用する場合の垂直応力の分布を示す。

3 断面1次モーメントと図心

図4(a)に示す断面積 A の三角形断面に一定の垂直応力 σ が作用している場合を考える。このとき、断面に生じる曲げモーメント M は、垂直応力 σ を積分の外に出せば、$\sigma \times$ 断面1次モーメント S（断面の微小要素の面積×ある軸までの距離（符号付）を全断面で積分したもの）と表される。

$$M = \sigma \int_A y\, dA = \sigma S \left(S = \int_A y\, dA \right) \tag{1}$$

(1)式で積分記号の右下に A と記載されているのは、面積 A の断面内で積分することを意味している。(1)式はモーメントが0となることは断面1次モーメントが0となることと同じであることを表している。断面1次モーメントが0となる軸は図心（重さが一定の場合には重心と一致。図4(b)の y_0）を通るため、図心に軸力 N（一定の垂直応力の合力）が作用してもモーメントを引き起こすことはない。これはいい換えれば、断面の図心で軸力と曲げモー

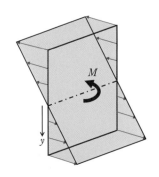
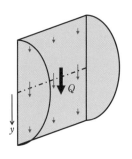
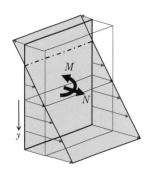

(a) 曲げ作用時の垂直応力（曲げ応力）　(b) せん断応力　(c) 曲げ・軸力作用時の垂直応力

図3　曲げと軸力の作用を受ける部材に作用する垂直応力とせん断応力

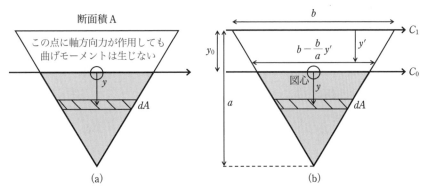

図4　一定の垂直応力を受ける三角形断面と図心の位置を求める際に用いる図

77

メントを定義すると両者が干渉し合わず、好都合となることを意味している。

ここで、図4(b)の三角形断面を例に図心位置を決める方法を紹介する。断面上端に水平軸 C_1 を考え、この軸回りの断面1次モーメントを計算すると、次式となる。

$$S = \int_0^a y'\left(b - \frac{b}{a}y'\right)dy' = \frac{1}{6}a^2b \tag{2}$$

図心を通る C_0 軸回りの断面1次モーメントは0であるため、C_1 軸回りの断面1次モーメントは断面積×y_0 となる。断面積は $A = \dfrac{ab}{2}$ であるため、C_1 軸から図心までの距離 y_0 は $\dfrac{S}{A} = \dfrac{a}{3}$ として求められる。

4 断面2次モーメントと垂直応力

次に断面に生じる垂直応力 $\sigma_x(y)$ と断面の y 方向に作用するせん断応力 $\tau(y)$ の断面内の分布について考えよう。垂直応力とせん断応力を用いて、断面力は次式で定義される。

軸方向力 $\quad\quad : N = \int_A \sigma_x(y)\,dA \tag{3}$

曲げモーメント $: M = \int_A y\sigma_x(y)\,dA \tag{4}$

せん断力 $\quad\quad : Q = \int_A \tau(y)\,dA \tag{5}$

曲率（梁の単位長さあたりの断面の回転角の変化量）を κ で表すと、平面保持の仮定より次式が成り立つ。

$$\varepsilon_x(y) = \kappa y \tag{6}$$

E を梁部材を構成する材料のヤング係数（垂直応力 σ と垂直ひずみ ε を結びつける係数）とすると、フックの法則（$\sigma = E\varepsilon$）と上式より次式が成立する。

$$\sigma_x(y) = E\varepsilon_x(y) = E\kappa y \tag{7}$$

これを曲げモーメントの定義式に代入すると、次式が導かれる。

$$M = \int_A y(E\kappa y)\,dA = E\kappa \int_A y^2\,dA = EI\kappa \tag{8}$$

ここで、$I = \int_A y^2\,dA$ は断面2次モーメント（断面の微小要素×ある軸までの距離の2乗を全断面で積分したもの）を表す。図4(b)の C_1 軸や図心を通る C_0 軸回りの断面2次モーメントについては巻末の練習問題19を参照いただきたい。

(8)式より、曲率は次式で表現できる。

$$\kappa = \frac{M}{EI} \tag{9}$$

(8)、(9)式は曲げに関する構成則で、曲げモーメント M と曲率 κ を関係づけており、その

係数である曲げ剛性 EI は梁の曲げにくさを表している。(9)式を(7)式に代入すると、

$$\sigma_x(y) = \frac{M}{I}y \tag{10}$$

長方形断面（幅 b、せい h）の断面2次モーメントは、積分を用いて次のように得られる。

$$I = \int_A y^2 dA = \int_{-\frac{h}{2}}^{\frac{h}{2}} y^2 b dy = \frac{bh^3}{12} \tag{11}$$

なお、断面2次モーメントと断面1次モーメントについては、Z軸と z軸について次のような座標軸の平行移動の公式（平行軸の定理ともいう）が成立する。

$$I_Z = I_z + Ay_1^2 \quad \text{（図4(b)では、} Z \text{軸は } C_1 \text{軸、} z \text{軸は } C_0 \text{軸、} y_1 \text{は } y_0) \tag{12}$$

$$S_Z = Ay_1 \tag{13}$$

ここで、I_Z、S_Z は Z軸回りの断面2次モーメントと断面1次モーメントを、I_z は断面の図心を通る z軸回りの断面2次モーメントを表し、y_1 は Z軸と z軸の距離を表す。また、先述の通り、断面の図心を通る軸回りの断面1次モーメント S_z は0である。

図5に、長方形柱断面の弱軸（最小の I を与える軸）回り・強軸（最大の I を与える軸）回りの断面2次モーメントを示す。

断面の最外縁に生じる応力は、断面係数 Z（$= \dfrac{I}{d_{\max}}$）を用いて次のように表現される。

$$\sigma_x(d_{\max}) = \frac{M}{I}d_{\max} = \frac{M}{\dfrac{I}{d_{\max}}} = \frac{M}{Z} \quad (d_{\max}：図心から最外縁までの距離) \tag{14}$$

その他、円形棒材の材軸回りのねじりモーメント M_x（せん断応力の材軸回りのモーメント）は、材軸方向の単位長さ当たりのねじれ角を $\dfrac{d\phi}{dx}$ とし、断面極2次モーメント

$$I_P = \int_A r^2 dA \quad (r：材軸からの距離) \tag{15}$$

を定義して、次式で与えられる（G はせん断弾性係数といい、せん断応力 τ とせん断ひずみ γ を $\tau = G\gamma$ で関係づける係数）。

$$M_x = \int_A r\tau(r)\,dA = \int_A r\left(Gr\frac{d\phi}{dx}\right)dA = G\frac{d\phi}{dx}\int_A r^2 dA = GI_P\frac{d\phi}{dx} \tag{16}$$

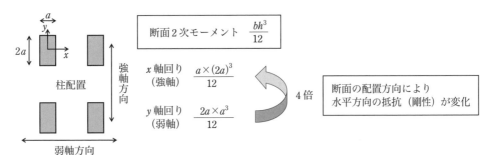

図5　長方形柱断面の弱軸回り・強軸回りの断面2次モーメント

20 曲げ部材の断面に生じる垂直応力①
曲げモーメントのみが作用する場合

19項で説明したように、断面2次モーメントIの長方形断面（幅b、せいh）に曲げモーメント が作用する場合の垂直応力分布 $\sigma_x(y)$は次式で求められ、図1のように表される。

$$\sigma_x(y) = \frac{M}{I} y \tag{1}$$

1 計算例：集中荷重もしくは等分布荷重が作用する単純梁と片持梁の最外縁垂直応力

図2(a)〜(d)に示す集中荷重もしくは等分布荷重が作用する単純梁と片持梁のそれぞれについて、●（引張）と▲（圧縮）の位置（断面の上下縁）での垂直応力を(1)式を用いて求めてみよう。

まず、図2(a)については、●（引張）と▲（圧縮）の位置でそれぞれ次のようになる。

$$\sigma_x\left(\frac{h}{2}\right) = \frac{\dfrac{Pl}{4}}{\dfrac{bh^3}{12}}\frac{h}{2} = \frac{M}{Z} = \frac{3Pl}{2bh^2} \tag{2a}$$

$$\sigma_x\left(-\frac{h}{2}\right) = -\frac{M}{Z} = -\frac{3Pl}{2bh^2} \tag{2b}$$

ここで、Zは**19**項で定義した断面係数を表す。次に、図2(b)については、●（引張）と▲（圧縮）の位置でそれぞれ次のようになる。

$$\sigma_x\left(-\frac{h}{2}\right) = \frac{Pl}{\dfrac{bh^3}{12}}\frac{h}{2} = \frac{6Pl}{bh^2} \tag{3a}$$

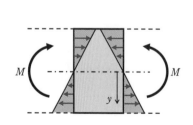
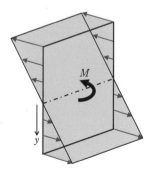

図1　曲げモーメントが作用する部材に生じる垂直応力

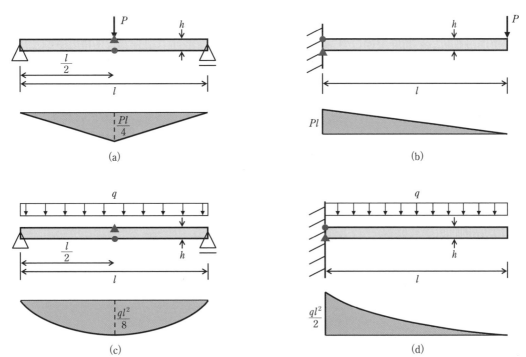

図2 鉛直方向に集中荷重もしくは等分布荷重が作用する単純梁と片持梁の曲げモーメント図と垂直応力を求める点

$$\sigma_x\left(\frac{h}{2}\right) = -\frac{6Pl}{bh^2} \tag{3b}$$

次に、図2(c)については、●（引張）と▲（圧縮）の位置でそれぞれ次のようになる。

$$\sigma_x\left(\frac{h}{2}\right) = \frac{\dfrac{ql^2}{8}}{\dfrac{bh^3}{12}}\frac{h}{2} = \frac{3ql^2}{4bh^2} \tag{4a}$$

$$\sigma_x\left(-\frac{h}{2}\right) = -\frac{3ql^2}{4bh^2} \tag{4b}$$

最後に、図2(d)については、●（引張）と▲（圧縮）の位置でそれぞれ次のようになる。

$$\sigma_x\left(-\frac{h}{2}\right) = \frac{\dfrac{ql^2}{2}}{\dfrac{bh^3}{12}}\frac{h}{2} = \frac{3ql^2}{bh^2} \tag{5a}$$

$$\sigma_x\left(\frac{h}{2}\right) = -\frac{3ql^2}{bh^2} \tag{5b}$$

❷ 断面が複数の異なる材料で構成される場合の中立軸の求め方

次に、断面が複数の異なる材料で構成される場合の中立軸(伸びひずみおよび垂直応力が0

となる軸）の求め方について説明する。鉄骨構造における梁とスラブの合成梁がその一例として挙げられ、広い意味では、コンクリート（圧縮側）と鉄筋（引張側）で構成される鉄筋コンクリート構造もこの状況にあてはまる。

　図3のような、ヤング係数がE_1、E_2である2種類の材料で構成される幅b、せい$h_1 + h_2$の長方形断面を考える。断面の上縁から中立軸までの距離をh_0とする。また、材料1、材料2における垂直応力分布を$\sigma_1(y)$、$\sigma_2(y)$、断面に生じる曲率をκとする。なお、断面に軸方向力は作用していないものとする。ただし、本項の以降の説明は合成梁以外の単独の梁については必ずしも必要ではないため、積分記号に慣れていない読者は飛ばして読んでいただいても支障はない。

　圧縮応力の合力（絶対値）は次のように表現できる。

$$C = \int_0^{h_0-h_1} b\sigma_2(y)\,dy + \int_{h_0-h_1}^{h_0} b\sigma_1(y)\,dy = bE_2\kappa\int_0^{h_0-h_1} y\,dy + bE_1\kappa\int_{h_0-h_1}^{h_0} y\,dy$$

$$= bE_2\kappa\,\frac{1}{2}(h_0-h_1)^2 + bE_1\kappa\,\frac{1}{2}\{h_0^2-(h_0-h_1)^2\} \tag{6}$$

　一方、引張応力の合力（絶対値）は次のように表現できる。

$$T = \int_0^{h_1+h_2-h_0} b\sigma_2(y)\,dy = bE_2\kappa\int_0^{h_1+h_2-h_0} y\,dy = bE_2\kappa\,\frac{1}{2}(h_1+h_2-h_0)^2 \tag{7}$$

　断面に軸方向力は作用していないものとすると、釣合い式の$C = T$より、中立軸の位置を表すh_0が次のように求められる。

$$h_0 = \frac{E_1 h_1^2 + E_2 h_2(2h_1+h_2)}{2(E_1 h_1 + E_2 h_2)} \tag{8}$$

　また、それぞれの部分の曲げモーメントの和$M = (E_1 I_1 + E_2 I_2)\kappa$より、$\kappa = \dfrac{M}{E_1 I_1 + E_2 I_2}$と

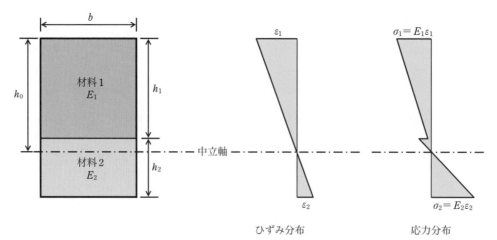

ひずみ分布　　　　　応力分布

図3　断面が複数の異なる材料で構成されている場合の中立軸

表現できるため、それぞれの断面における応力（絶対値）は次のように求められる。

$$\sigma_1(y) = E_1 \frac{M}{E_1 I_1 + E_2 I_2} y \tag{9a}$$

$$\sigma_2(y) = E_2 \frac{M}{E_1 I_1 + E_2 I_2} y \tag{9b}$$

さらに、断面2次モーメントに関する平行軸の定理より、中立軸に対する断面2次モーメントは次式で表される。

$$I_1 = \frac{b h_1^3}{12} + A_1 \left(h_0 - \frac{h_1}{2} \right)^2 \quad (A_1 = b h_1 : \text{材料 1 の断面積}) \tag{10a}$$

$$I_2 = \frac{b h_2^3}{12} + A_2 \left(\frac{h_2}{2} + h_1 - h_0 \right)^2 \quad (A_2 = b h_2 : \text{材料 2 の断面積}) \tag{10b}$$

3 鋼材とコンクリートの材料定数

ここで、建築構造物の代表的な使用材料である鋼材とコンクリートのヤング係数（引張のみが作用する単純引張時の応力とひずみの比例係数）、ポアソン比（$\nu = -\dfrac{\varepsilon_l}{\varepsilon}$ で求められる定数で、ε は注目している方向のひずみ、ε_l は直交方向のひずみを表す）、せん断弾性係数（せん断応力とせん断ひずみの比例係数）、降伏応力、強度等についてまとめる。

鋼材については、ヤング係数は $E = 205000\text{N/mm}^2$、ポアソン比は $\nu = 0.3$、せん断弾性係数は $G = \dfrac{E}{2(1+\nu)} = 79000\text{N/mm}^2$ であり、降伏応力（フックの法則の成立限界点）は $\sigma_y = 200 \sim 400\text{N/mm}^2$ のオーダーである。降伏応力は、常時荷重時や非常時荷重時に考慮される長期・短期許容応力度の設定や（長期：$\dfrac{2F}{3}$、短期：F、F：基準強度で σ_y 等から算出）、35 項以降の塑性崩壊荷重の解析等で用いられる。せん断応力に関する短期許容応力度は $\dfrac{F}{\sqrt{3}}$、長期許容応力度はその $\dfrac{1}{1.5}$ と設定されている。なお、許容圧縮応力度については、29、30 項で後述する座屈応力を考慮する必要がある。

コンクリートについては、設計基準強度 F_c（圧縮強度に関して設計で用いられる数値）は、普通コンクリートについては 18 〜 45MPa（N/mm^2）、高強度コンクリートについては 50 〜 60MPa であり、ポアソン比は $\nu = 0.2$ である。ヤング係数は設計基準強度 F_c に依存して変化し、$F_c = 60\text{MPa}$ のコンクリートについては $3.35 \times 10^4\text{N/mm}^2$ となる。圧縮の長期・短期許容応力度は、$\dfrac{F_c}{3}$、$\dfrac{2F_c}{3}$ と設定されている。また、せん断の長期・短期許容応力度は、おおよそ $\dfrac{F_c}{30}$、$\dfrac{F_c}{20}$ となる。

21 曲げ部材の断面に生じるせん断応力

１ せん断応力の特徴と発生機構

　３次元の物体に力が作用すると、その内部には、仮想的に考えた断面に垂直に作用する垂直応力とともに断面に平行に作用するせん断応力と呼ばれる内力が生じる。２次元で考えると、せん断応力は図１のτ_1とτ_2のように大きさの同じものが対になって存在する。これは、この微小要素の中心点回りのモーメントの釣合いを用いて示すことができる。

　梁に力が作用すると、一般には曲げモーメントとともにせん断力が生じるため、曲げ変形とともにせん断変形が生じる。19項で説明したように、細長い梁では曲げ変形によるたわみが支配的となり、せん断変形によるたわみは無視できるほど小さくなる。しかしながら、せん断応力はそのような場合でも生じるため、その適切な理解が必要となる。

　摩擦がない複数の薄い板で梁が構成されているとすると、力を受けて曲げ変形が生じると図２(a)のようになる。それに対して、板の間を接着剤等で接着するとせん断応力が生じ、図２(b)のように厚みのある断面の曲げ変形となる。逆にいえば、ある程度の厚みのある梁の断面には必然的にせん断応力が生じることになる。

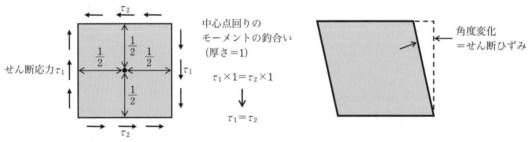

図１　微小要素に作用するせん断応力と対応するせん断ひずみ

(a) 板の間に摩擦がない場合　　　　　　　　(b) 板の間に摩擦がある場合

図２　薄い板で構成された梁の曲げ変形

2 長方形断面を有する部材内のせん断応力分布

断面積 A、断面 2 次モーメント I、幅 b の長方形断面に曲げモーメント M とせん断力 Q が作用する場合のせん断応力分布は、図 3(a) のようになる（図 3(b) の分布については後述する）。図 3(a) を考えているだけでは、せん断応力分布を求めることはできない。そこで、図 1 で示したように、せん断応力が断面の正方形要素に対となって作用することに注目し、図 4 のような自由体を考える。梁の上下面にはせん断応力は存在しないため、せん断応力が対として作用することを考えると、断面の上下縁ではせん断応力は 0 となる。

ここで、x 位置と $x+\Delta x$ 位置の断面における垂直応力を $\sigma(y)$ と $\sigma^*(y)$ で表す。図 4 の自由体において、材軸方向の力の釣合いを考えると次式が得られる。

$$X = T^* - T = \int_{y_1}^{c_1} b \{\sigma^*(y) - \sigma(y)\} dy \tag{1}$$

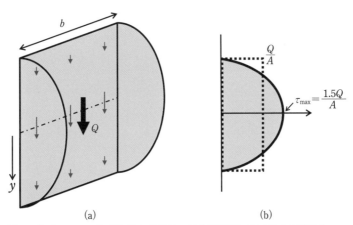

(a)　　　　　　　　　　　(b)

図 3　曲げモーメントが作用する部材の長方形断面に生じるせん断応力

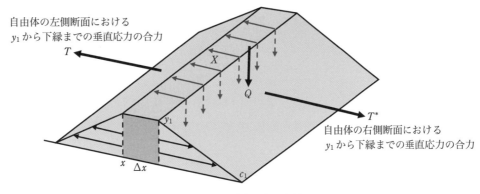

自由体の左側断面における
y_1 から下縁までの垂直応力の合力

自由体の右側断面における
y_1 から下縁までの垂直応力の合力

図 4　せん断応力と垂直応力の関係

一方、垂直応力分布は、次式で表される。

$$\sigma(y) = \frac{M(x)}{I} y \tag{2}$$

(1)式に(2)式を代入すると、次式が得られる。

$$X = \frac{1}{I}\{M(x+\Delta x) - M(x)\} b \int_{y_1}^{c_1} y \, dy \tag{3}$$

また、$y = y_1$ の面におけるせん断応力 $\tau(y_1)$ の合力 X は次式で表すことができる。

$$X = \tau(y_1) b \Delta x \tag{4}$$

(3)式と(4)式を等置して $\Delta x \to 0$ の極限を考えると、次式を得る。

$$\frac{1}{I}\{M(x+\Delta x) - M(x)\} b \int_{y_1}^{c_1} y \, dy = \tau(y_1) b \Delta x \tag{5}$$

$$\tau(y_1) = \frac{1}{bI} \int_{y_1}^{c_1} by \, dy \lim_{\Delta x \to 0} \frac{M(x+\Delta x) - M(x)}{\Delta x} \tag{6}$$

28 項で後述する曲げモーメント M とせん断力 Q の関係（曲げモーメントの勾配がせん断力となる）を用いると、次式が得られる。ただし、y_1 を y に置き換えている。

$$\tau(y) = \frac{QS(y)}{bI} \tag{7}$$

ここで $S(y)$ は、座標 y から最外縁（下縁の $y = c_1$）までの断面1次モーメント $b \int_{y}^{c_1} \eta \, d\eta$ を表す。

3 計算例：集中荷重もしくは等分布荷重が作用する単純梁と片持梁の最大せん断応力

図5(a)〜(d)に示すように、幅が b でせいが h の長方形断面を有する単純梁と片持梁に集中荷重もしくは等分布荷重が作用する場合について、●の位置（断面中央位置）でのせん断応力を求めてみよう。

準備として、断面中央($y = 0$)から下縁までの断面の断面1次モーメントは次式で表される。

$$S(0) = \frac{bh}{2} \frac{h}{4} = \frac{bh^2}{8} \tag{8}$$

このとき、(7)式の $\frac{S(0)}{bI}$ は、$\frac{1.5}{A}$ となる(断面積 $A = bh$)。すなわち、断面の中央 ($y = 0$) で生じる最大せん断応力は平均せん断応力 $\frac{Q}{A}$ の1.5倍となる（図3(b)）。

$$\tau_{max} = \frac{1.5Q}{A} \tag{9}$$

図3(b)において、放物線に外接する長方形の面積は、**03**、**24** 項における考察から、放物

線により囲まれる面積の1.5倍となる。また、図3(b)の点線の長方形の面積と放物線により囲まれる面積は、両者のせん断力がQで等しいことより等しい。これは、$\tau_{\max} = \dfrac{1.5Q}{A}$ と矛盾しない結果となっている。

図5(a)については、断面中央位置でのせん断応力は次のように求められる。

$$\tau = \frac{QS}{bI} = \frac{P}{2}\frac{bh^2}{8}\frac{1}{b}\frac{12}{bh^3} = \frac{3P}{4bh} = 1.5\frac{\dfrac{P}{2}}{bh} \tag{10}$$

次に、図5(b)については、断面中央位置でのせん断応力は次のように求められる。

$$\tau = \frac{QS}{bI} = P\frac{bh^2}{8}\frac{1}{b}\frac{12}{bh^3} = \frac{3P}{2bh} = 1.5\frac{P}{bh} \tag{11}$$

次に、図5(c)については、断面中央位置でのせん断応力は次のように求められる。

$$\tau = \frac{QS}{bI} = \frac{ql}{4}\frac{bh^2}{8}\frac{1}{b}\frac{12}{bh^3} = \frac{3ql}{8bh} = 1.5\frac{\dfrac{ql}{4}}{bh} \tag{12}$$

最後に、図5(d)については、断面中央位置でのせん断応力は次のように求められる。

$$\tau = \frac{QS}{bI} = ql\frac{bh^2}{8}\frac{1}{b}\frac{12}{bh^3} = \frac{3ql}{2bh} = 1.5\frac{ql}{bh} \tag{13}$$

図5(a)〜(d)のいずれにおいても、(9)式で与えられる当該断面における最大せん断応力（平均せん断応力の1.5倍）と一致していることがわかる。

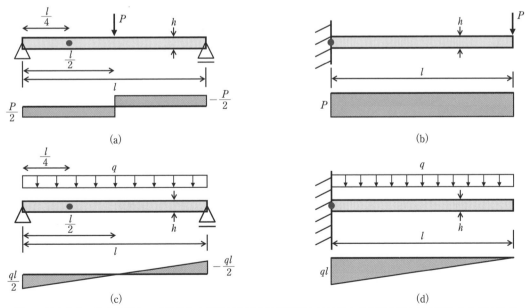

図5 鉛直方向に集中荷重もしくは等分布荷重が作用する単純梁と片持梁のせん断力図とせん断応力を求める点

22 曲げ部材の断面に生じる垂直応力②
曲げモーメントと軸方向力が作用する場合

20 項では、曲げモーメントのみが作用する場合の垂直応力分布について説明した。本項では、図1のように、断面2次モーメント I の長方形断面（幅 b、せい h、断面積 $A = bh$）に、曲げモーメント M と同時に軸方向力 N が作用する場合を考える。実際の建物では、柱にこのような状況が生じている。

線形弾性構造物では重ね合わせの原理が成立するため、M が作用したときの垂直応力と、N が作用したときの垂直応力を加算することができる。したがって、垂直応力 $\sigma_x(y)$ は次式で表される。

$$\sigma_x(y) = \frac{N}{A} + \frac{M}{I} y \tag{1}$$

1 計算例：集中荷重もしくは等分布荷重に加えて水平荷重が作用する単純梁と片持梁の最外縁垂直応力

図2(a)〜(d)の単純梁と片持梁に集中荷重もしくは等分布荷重に加えて水平力が作用する場合について、●（引張）と▲（圧縮）の位置（断面の上下縁）での垂直応力を(1)式を用いて求めてみよう。

まず、図2(a)について、●（引張）と▲（圧縮）の位置で、垂直応力はそれぞれ次のように求められる。

$$\sigma_x\left(\frac{h}{2}\right) = \frac{\frac{Pl}{4}}{\frac{bh^3}{12}}\frac{h}{2} - \frac{P}{2}\frac{1}{bh} = \frac{M}{Z} + \frac{N}{A} = \frac{3Pl}{2bh^2} - \frac{P}{2bh} = \frac{P}{2bh}\left(\frac{3l}{h} - 1\right) \tag{2}$$

$$\sigma_x\left(-\frac{h}{2}\right) = -\frac{3Pl}{2bh^2} - \frac{P}{2bh} = -\frac{M}{Z} + \frac{N}{A} = -\frac{P}{2bh}\left(\frac{3l}{h} + 1\right) \tag{3}$$

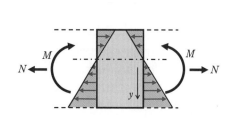
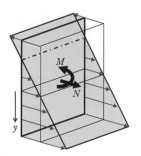

図1　曲げモーメントと軸方向力が作用する部材に生じる垂直応力

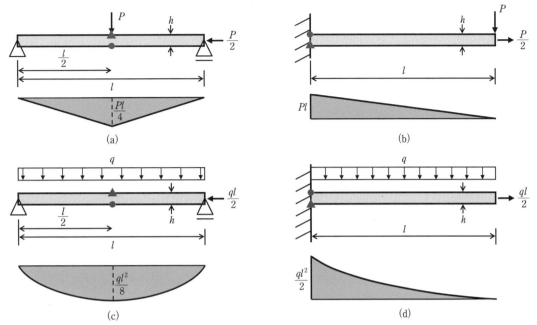

図2　集中荷重もしくは等分布荷重に加えて水平荷重が作用する単純梁と片持梁の曲げモーメント図と垂直応力を求める点

　ここで、Z は **19** 項で定義した断面係数を表す。次に、図2(b)について、●（引張）と▲（圧縮）の位置で、垂直応力はそれぞれ次のように求められる。

$$\sigma_x\left(-\frac{h}{2}\right)=\frac{Pl}{\dfrac{bh^3}{12}}\frac{h}{2}+\frac{P}{2bh}=\frac{6Pl}{bh^2}+\frac{P}{2bh}=\frac{P}{2bh}\left(\frac{12l}{h}+1\right) \tag{4}$$

$$\sigma_x\left(\frac{h}{2}\right)=-\frac{6Pl}{bh^2}+\frac{P}{2bh}=-\frac{P}{2bh}\left(\frac{12l}{h}-1\right) \tag{5}$$

　次に、図2(c)について、●（引張）と▲（圧縮）の位置で、垂直応力はそれぞれ次のように求められる。

$$\sigma_x\left(\frac{h}{2}\right)=\frac{\dfrac{ql^2}{8}}{\dfrac{bh^3}{12}}\frac{h}{2}-\frac{ql}{2bh}=\frac{3ql^2}{4bh^2}-\frac{ql}{2bh}=\frac{ql}{4bh}\left(\frac{3l}{h}-2\right) \tag{6}$$

$$\sigma_x\left(-\frac{h}{2}\right)=-\frac{3ql^2}{4bh^2}-\frac{ql}{2bh}=-\frac{ql}{4bh}\left(\frac{3l}{h}+2\right) \tag{7}$$

　最後に、図2(d)について、●（引張）と▲（圧縮）の位置で、垂直応力はそれぞれ次のように求められる。

$$\sigma_x\left(-\frac{h}{2}\right)=\frac{\dfrac{ql^2}{2}}{\dfrac{bh^3}{12}}\frac{h}{2}+\frac{ql}{2bh}=\frac{3ql^2}{bh^2}+\frac{ql}{2bh}=\frac{ql}{2bh}\left(\frac{6l}{h}+1\right) \tag{8}$$

$$\sigma_x\left(\frac{h}{2}\right) = -\frac{3ql^2}{bh^2} + \frac{ql}{2bh} = -\frac{ql}{2bh}\left(\frac{6l}{h}-1\right) \tag{9}$$

2 偏心軸力が作用したときのコア

これまでの説明から、断面の図心に曲げモーメントと同時に軸方向力を受ける場合には、断面の位置によっては垂直応力が正負の両方の値をとることがわかる。そこで、図心以外の点に軸力を受けるとき（偏心軸力という）の垂直応力の分布に関する考察を行う。

鉛直対称軸を有する断面内の対称軸上のある点に圧縮軸力Nが作用すると考えると、一様な圧縮応力に加えて曲げによる垂直応力が生じる。したがって、断面の対称軸には、圧縮応力以外に引張応力が生じる。圧縮力の作用位置が図心付近である場合には曲げによる影響が小さくなり、断面のすべての領域で圧縮応力が生じるのに対して、作用位置が図心から離れて断面の縁に近づくと、断面のある部分には引張応力が生じる。その変化の境界は計算により求められるが、その境界内部の領域をコアと呼ぶ。断面には2軸が存在するため、一般にコアは2次元の領域として存在するが、ここでは1つの軸（水平軸）回りの曲げのみ考慮するため、コアは対称軸上の1次元の区間として存在する。

以下に、長方形断面について考えてみよう。

圧縮軸力の作用位置をy_1とすると、これによる図心を通るz軸回りのモーメントはNy_1であり、(1)式より、断面の最外縁が中立軸となる（垂直応力が0となる）条件式は以下のように表現できる。

$$\frac{Ny_1}{\frac{bh^3}{12}}\frac{h}{2} - \frac{N}{bh} = 0 \tag{10}$$

これより、

$$y_1 = \frac{h}{6} \tag{11}$$

y軸回りの曲げも存在するため、断面内では図3のような菱形がコアとなる。

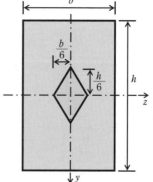

図3　長方形断面のコア

3 モールの応力円

部材内における垂直応力とせん断応力の組み合わせを理解する上で有効な方法として、モールの応力円を用いた方法がある。一例として、図4に示すような単純引張を受ける直線部材を考える。この場合、材軸と直交する断面に作用する垂直応力は最大主応力（断面が回転した場合の最大の垂直応力）であり、そのときのせん断応力は0である。この断面からθの

角度だけ反時計回りに回転した断面に作用する垂直応力とせん断応力の組み合わせは、モールの応力円では図5(a)のように、水平軸（この軸上の点は主応力を表す）から反時計回りに2θ回転した円周上の点として表示される。

　この関係は、より一般的な場合について数式で示すことが可能である。材軸（x軸）に垂直な面に作用する垂直応力σ_x、材軸に平行な面に作用する垂直応力σ_y、およびせん断応力τ_{xy}が与えられている場合、材軸に垂直な面から反時計回りにθの角度だけ傾いた面（面に垂直な軸をξ、平行な軸をηとする）に生じる垂直応力σ_ξとせん断応力$\tau_{\xi\eta}$は次のように表される（図6）。

$$\sigma_\xi = S + T\cos(2\theta + \alpha) \tag{12a}$$

$$\tau_{\xi\eta} = T\sin(2\theta + \alpha) \tag{12b}$$

$$S = \frac{\sigma_x + \sigma_y}{2} \tag{13a}$$

$$T = \sqrt{\left(\frac{\sigma_x - \sigma_y}{2}\right)^2 + \tau_{xy}{}^2} \tag{13b}$$

$$\alpha = \tan^{-1}\left(\frac{2\tau_{xy}}{\sigma_x - \sigma_y}\right) \tag{13c}$$

　図5(b)は、垂直応力が作用しない単純せん断状態に対応するモールの応力円を表す。この図から、単純せん断状態（$\sigma = 0$：図5(b)のτ軸上の頂点）が生じる面と、せん断応力が0で微小要素に正の垂直応力（直交面には大きさが同じ負の垂直応力が作用）のみが作用する面のなす角度は$\theta = \dfrac{\pi}{4}$であることがわかる。

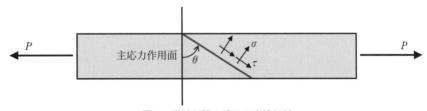

図4　単純引張を受ける直線部材

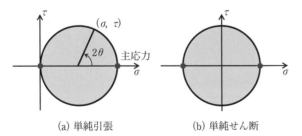

(a) 単純引張　　　(b) 単純せん断

図5　単純引張状態と単純せん断状態のモールの応力円

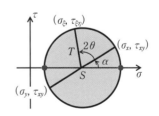

図6　一般的な場合のモールの応力円

23 単純梁のたわみ（モールの定理）①
集中荷重が作用する場合

23 〜 28 項では、単純梁と片持梁に荷重が作用した場合の部材の変形（たわみとたわみ角、図1参照）について解説する。

本来、図1に示すようなたわみ曲線は材軸上の点の鉛直方向の移動を表す微分方程式から求められるものであるが、可能な限り「力の釣合いだけから建築構造力学の本質を理解する」ことに主眼を置いている本書では、力の釣合いから導かれる「モールの定理」を中心に解説する（27、28 項では微分方程式を用いた方法についても解説するが、力の釣合いのみからたわみやたわみ角を理解したい読者は 27、28 項を飛ばしていただいて構わない）。

1 単純梁に対するモールの定理

図1は、単純梁に力が作用した場合のたわみ曲線を表している。左端を A 点（ピン支点）として、右に l_{AB} の位置にある B 点におけるたわみ角 θ_B とたわみ v_B を求める問題を考えてみよう。A 点から右に x の位置にある点での曲率（材軸の単位長さあたりのたわみ角の変化）を $\kappa(x)$ で表すと、曲率はたわみ $v(x)$ と $\kappa(x) = -v''(x)$ の関係にある（（ ）$'$ の記号は座標 x に関する微分を表し、（ ）$''$ は2階微分を表す）。ここでは、下向きにたわみの正の向きを定義しているのに対して、梁の曲率は下向き凸のものを正と定義するため、数式にマイナス記号が付いている。

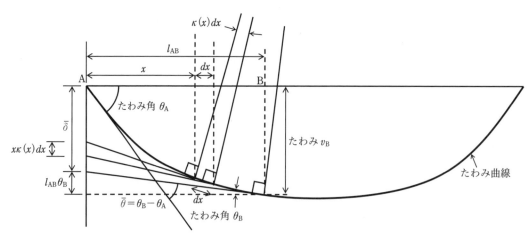

図1 単純梁に荷重が作用した場合のたわみ曲線

図1において、点 x における単位長さ当たりの接線の角度（たわみ角）の変化は $\kappa(x)$ であり、長さ dx の微小要素における接線の角度変化は $\kappa(x)dx$ であることから、A、B 点でのたわみ曲線の2つの接線のなす角度 $\bar{\theta}$、および B 点における接線が A 点における鉛直線を切り取る量 $\bar{\delta}$ に関して次式が成立する。

$$\bar{\theta} = \theta_\mathrm{B} - \theta_\mathrm{A} = -\int_0^{l_\mathrm{AB}} \kappa(x)\,dx \tag{1}$$

$$\bar{\delta} = \int_0^{l_\mathrm{AB}} x\kappa(x)\,dx \tag{2}$$

(1)式から、B 点におけるたわみ角 θ_B は次のように表現できる。

$$\theta_\mathrm{B} = \theta_\mathrm{A} - \int_0^{l_\mathrm{AB}} \kappa(x)\,dx \tag{3}$$

さらに図1から、B 点におけるたわみ v_B に関して次式が成り立つ。

$$v_\mathrm{B} = v_\mathrm{A} + l_\mathrm{AB}\theta_\mathrm{B} + \bar{\delta} \quad (v_\mathrm{A} = 0) \tag{4}$$

(4)式に(2)、(3)式を代入すると次式が得られる。

$$\begin{aligned}
v_\mathrm{B} &= v_\mathrm{A} + l_\mathrm{AB}\left\{\theta_\mathrm{A} - \int_0^{l_\mathrm{AB}} \kappa(x)\,dx\right\} + \int_0^{l_\mathrm{AB}} x\kappa(x)\,dx \\
&= v_\mathrm{A} + l_\mathrm{AB}\theta_\mathrm{A} - \int_0^{l_\mathrm{AB}} (l_\mathrm{AB} - x)\,\kappa(x)\,dx
\end{aligned} \tag{5}$$

19 項から $\kappa(x) = \dfrac{M(x)}{EI}$ であり、これを $q^*(x) = \dfrac{M(x)}{EI}$ と表すと次式が得られる。

$$v_\mathrm{B} = v_\mathrm{A} + l_\mathrm{AB}\theta_\mathrm{A} - \int_0^{l_\mathrm{AB}} (l_\mathrm{AB} - x)q^*(x)\,dx \tag{6}$$

　(6)式は、図2において、v_B が $q^*(x) = \dfrac{M(x)}{EI}$（弾性荷重と呼ばれる）に対する B 点での曲げモーメント M_B^* として得られることを意味している。図2の弾性荷重に対する力の釣合い（鉛直方向の力の釣合いと B 点回りのモーメントの釣合い）より、以下の式が得られる。

$$Q_\mathrm{B}^* = Q_\mathrm{A}^* - \int_0^{l_\mathrm{AB}} q^*(x)\,dx \tag{7}$$

$$M_\mathrm{B}^* = M_\mathrm{A}^* + l_\mathrm{AB}Q_\mathrm{A}^* - \int_0^{l_\mathrm{AB}} (l_\mathrm{AB} - x)q^*(x)\,dx \tag{8}$$

このとき、(3)、(6)式から Q_B^* が θ_B に対応することも理解される。

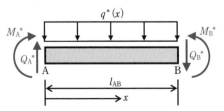

図2　弾性荷重が作用する梁の A 点・B 点における断面力

以上を整理すると、単純梁においては、曲げモーメント $M(x)$ から弾性荷重 $q^*(x) = \dfrac{M(x)}{EI}$ を求め、その弾性荷重を単純梁に作用させたときのある点での曲げモーメントを求めるとそれがその点での「たわみ」となり、せん断力を求めるとその点での「たわみ角」となる。

　この性質は、次のように理解することもできる。すなわち、曲げモーメントと鉛直分布力の関係を表す次式

$$M''(x) = -q(x) \tag{9}$$

と、たわみと曲げモーメント（さらには弾性荷重）の関係を表す次式

$$v''(x) = -\frac{M(x)}{EI} = -q^*(x) \tag{10}$$

は類似であり、$q^*(x)$ に対する曲げモーメントを求めるとそれがその点での「たわみ」となり、せん断力を求めるとその点での「たわみ角」となる。

　上記の曲げモーメントを積分（面積に相当）することによりたわみやたわみ角が求められる事実を「モーメント面積定理」と呼び、その性質を利用して単純梁のたわみやたわみ角を求める手順のことを「モールの定理」と呼ぶ。この定理を定式化したドイツ人土木技師のクリスチャン・オットー・モール（1835 ～ 1918 年）は、構造力学の分野で多くの業績を挙げた偉人であり、この他にも、前項で触れたモールの応力円、モールのひずみ円（微小要素に生じるひずみを 2 軸で図式的に表示したもの）、モール・クーロンの破壊規準（材料の破壊に関する規準）などが有名である。

　単純梁では、境界条件（梁の両端において、変位に関するたわみ・たわみ角および曲げモーメントやせん断力の断面力が満たすべき条件）についても、両端で「曲げモーメント」も「たわみ」もともに 0 であり、完全に対応している。

② 計算例：中央に集中荷重が作用する単純梁

　一例として、図3に示すような、中央に集中荷重 P が作用する曲げ剛性 EI の単純梁を考えてみよう。そのときの曲げモーメント図は、図4のようになる。

　上記の単純梁に対するモールの定理において、図5のような三角形分布の弾性荷重が作用した場合を考える。図4に示す曲げモーメント分布は正の値をとるため、図5において弾性荷重としての分布荷重は下向きに作用させる。左右の支持点におけるせん断力（反力＝三角形分布荷重としての弾性荷重の片方の合力から求められる）から、左右端でのたわみ角が求められる（図5）。

$$\theta_A = -\theta_B = \frac{Pl^2}{16EI} \tag{11}$$

　また、中央点における曲げモーメント（支点反力によるモーメントと三角形分布荷重とし

ての弾性荷重の片方の合力によるモーメントと釣合う）から、中央点でのたわみが求められる（図5）。

$$v_\mathrm{c} = \frac{Pl^3}{48EI} \tag{12}$$

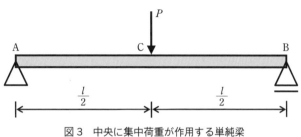

図3　中央に集中荷重が作用する単純梁

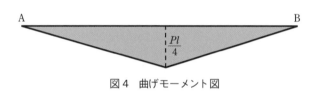

図4　曲げモーメント図

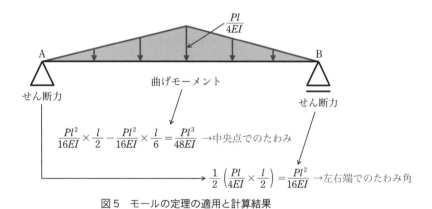

図5　モールの定理の適用と計算結果

24 単純梁のたわみ（モールの定理）②
等分布荷重が作用する場合

23 項で説明した単純梁に対するモールの定理を、等分布荷重が作用する場合に適用してみよう。等分布荷重の場合には、曲げモーメント分布が2次関数となるため、弾性荷重は2次関数の分布荷重となる。その際には、合力の値や作用点（重心）の位置を、積分を用いずに簡易的に求めることがポイントとなる。

1 計算例①：等分布荷重が作用する単純梁

図1のような全区間で等分布荷重 q が作用する曲げ剛性 EI の単純梁を考える。そのときの曲げモーメント図は、図2のような放物線（2次関数）となる。

モールの定理より、図2の曲げモーメント $M(x)$ から弾性荷重 $q^*(x)=\dfrac{M(x)}{EI}$ を求め、それを図3のように単純梁に作用させる。分布荷重が2次関数であるため、合力やある点回りの

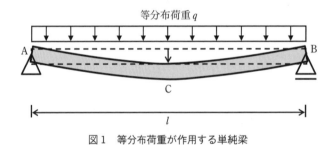

図1　等分布荷重が作用する単純梁

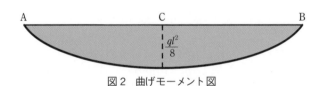

図2　曲げモーメント図

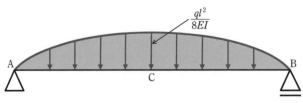

図3　モールの定理における弾性荷重

モーメントの計算には積分が必要となるが、ここでは図4に示す方法を用いて算定する。

　図5(a)に示すように、2次関数分布荷重としての弾性荷重において、中央位置が2次関数の頂点となるため、左右両方の2次関数に対して図4の考え方を適用する。このような分布荷重の合力（$\frac{ql^2}{8EI} \times \frac{l}{2} \times \frac{2}{3} = \frac{ql^3}{24EI}$）への置換により、図1の等分布荷重を受ける単純梁における左端A点（ピン支持点）でのたわみ角と中央点C点でのたわみが、図3の左端でのせん断力と中央点での曲げモーメントを求めることにより次のように得られる（図5(b)）。

$$\theta_A = \frac{ql^3}{24EI} \tag{1}$$

$$v_C = \frac{ql^3}{24EI} \times \frac{l}{2} - \frac{ql^3}{24EI} \times \frac{3l}{16} = \frac{5ql^4}{384EI} \tag{2}$$

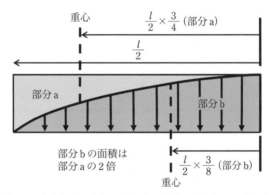

図4　頂点を端部に含む2次関数の面積と重心位置の求め方

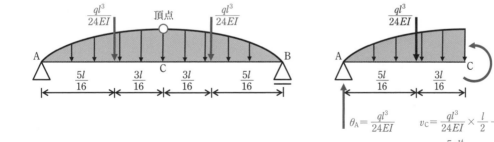

(a) 図3の弾性荷重の合力と作用位置　　　　　(b) モールの定理の適用過程

図5　図3の弾性荷重の合力と作用位置（重心）およびモールの定理の適用過程

2 計算例②：左半分に等分布荷重が作用する単純梁

　次に、図6(a)のような、左半分に等分布荷重が作用する曲げ剛性 EI の単純梁を考える。曲げモーメント図は図6(b)のように求められ、モールの定理における弾性荷重は図6(c)のようになる。ここで、弾性荷重を図6(c)のように3つの領域に分割して考える。左半分の曲げモーメントについては次式で表され、以下のように解釈できる。

$$M(x) = \frac{3}{8}qlx - \frac{1}{2}qx^2 = \frac{1}{8}qlx + \left(\frac{2}{8}qlx - \frac{1}{2}qx^2\right) \tag{3}$$

　右のローラー支点での反力が $\dfrac{ql}{8}$ であり、右半分の曲げモーメントがB点からの座標を x として $\dfrac{ql}{8}x$ と表されることから、左の部分と対称となる性質を用いている。このとき、それぞれの三角形部分の合力は面積 $\dfrac{ql^3}{64EI}$ として求められ、その重心位置は図6(c)の通りである。一方、左側のそれ以外の部分については、左端から $\dfrac{l}{4}$ の点に頂点を有する2次関数となることがわかる。したがって、図4の方法が利用できる（部分b）。弾性荷重（合力）に対する支点反力を求め、それを用いて右半分の自由体の梁中央での曲げモーメントを求めると、梁中央の曲げモーメント（すなわち「たわみ」）は次のように求められる。

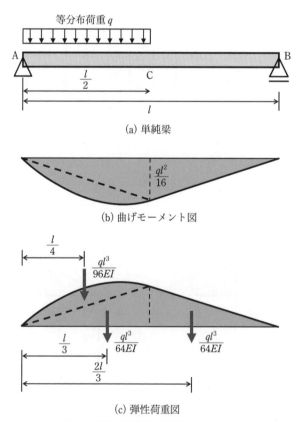

(a) 単純梁

(b) 曲げモーメント図

(c) 弾性荷重図

図6　左半分に等分布荷重が作用する単純梁へのモールの定理の適用

$$v_C = \frac{7ql^3}{384EI} \times \frac{l}{2} - \frac{ql^3}{64EI} \times \frac{l}{6} = \frac{5ql^4}{768EI} \quad \left(\frac{7ql^3}{384EI} : \text{B点の反力}\right) \tag{4}$$

この結果については、**27**項の方法（微分方程式を積分する方法）を用いて求めた結果と一致することを筆者の方で確認している（ただし、**27**項ではその結果を直接示していない）。

あるいは、図6(c)の弾性荷重図については、図7のように分割して各部分の合力とその作用点（重心）を求め、それらに対するB点での反力を計算して、B点のたわみ角 $\theta_B = \dfrac{7ql^3}{384EI}$ を求めることも可能である。なお、この場合には、2次関数の頂点を含む形で境界を設定している。

この場合の各部分の合力とその作用点（重心）を求めたものを、図8に示す。図6の場合と同様に、図8の中央より右側の自由体について梁中央での曲げモーメントを求めることにより梁中央でのたわみを求めることができる。図6の場合とは、右側の支点反力 $\theta_B = \dfrac{7ql^3}{384EI}$ を求める過程のみが異なり、最終的な計算過程は(4)式と同じものとなる。

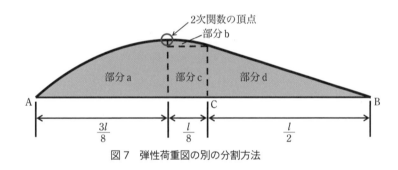

図7　弾性荷重図の別の分割方法

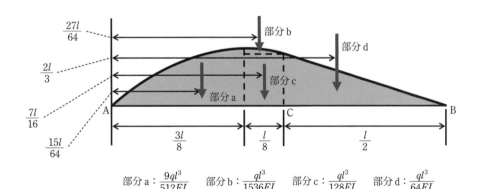

部分a：$\dfrac{9ql^3}{512EI}$　　部分b：$\dfrac{ql^3}{1536EI}$　　部分c：$\dfrac{ql^3}{128EI}$　　部分d：$\dfrac{ql^3}{64EI}$

図8　左半分に等分布荷重が作用する単純梁へのモールの定理の適用（別解）

25 片持梁のたわみ（モールの定理）①
集中荷重が作用する場合

続いて、片持梁に対するモールの定理の適用について解説する。片持梁では、弾性荷重に対する境界条件に関して単純梁とは異なる取り扱いが求められる点に注意を要する。まず本項では、集中荷重が作用する場合について見てみよう。

1 片持梁に対するモールの定理

図1に、片持梁におけるたわみおよびたわみ角と曲率の関係を示す。左端がA点で（固定端）、それから右にl_{AB}の位置にあるB点におけるたわみ角θ_Bとたわみv_Bを求める問題を考える。B点は片持梁の先端でも任意の点でも構わない。

23 項の単純梁の場合と同様に、A点から右にxの位置にある点での曲率を$\kappa(x)$で表すと、曲率はたわみ$v(x)$の2階微分と$\kappa(x) = -v''(x)$の関係にある。

一方、曲率$\kappa(x)$はxの位置における単位長さ当たりの材軸の回転角の変化を表し、$-(l_{AB}-x)\kappa(x)dx$は図1に示す部分のたわみを表すので、次の関係が成立する。

$$\theta_B = -\int_0^{l_{AB}} \kappa(x)\, dx \tag{1}$$

$$v_B = \bar{\delta} = -\int_0^{l_{AB}} (l_{AB}-x)\,\kappa(x)\, dx \tag{2}$$

単純梁の場合と同様に、19 項から$\kappa(x) = \dfrac{M(x)}{EI}$であり、これを弾性荷重$q^*(x) = \dfrac{M(x)}{EI}$で表すと次式が得られる。

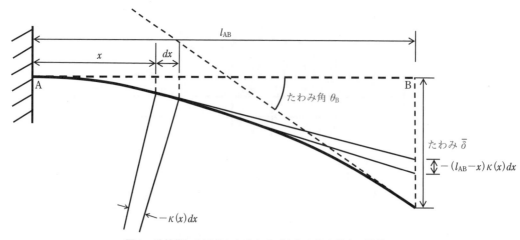

図1　片持梁におけるたわみおよびたわみ角と曲率の関係

$$v_B = -\int_0^{l_{AB}} (l_{AB} - x) q^*(x)\, dx \tag{3}$$

図2の弾性荷重に対する自由体の釣合いから、以下の関係が得られる。

$$Q_B^* = Q_A^* - \int_0^{l_{AB}} q^*(x)\, dx \tag{4}$$

$$M_B^* = M_A^* + l_{AB} Q_A^* - \int_0^{l_{AB}} (l_{AB} - x) q^*(x)\, dx \tag{5}$$

ここで、Q_A^*、Q_B^*、M_A^*、M_B^* は弾性荷重 $q^*(x) = \dfrac{M(x)}{EI}$ に対する A 点、B 点でのせん断力と曲げモーメントを表す。A 点を固定端とする片持梁では、B 点でのせん断力と曲げモーメントがたわみ角とたわみに相当することになるが、これは境界条件から妥当ではない。すなわち、分布荷重（弾性荷重は曲げモーメントを曲げ剛性で除したものであり、一般に分布荷重となる）が作用する片持梁の先端におけるせん断力と曲げモーメントは 0 となり、自由端である B 点のたわみ角とたわみが 0 となってしまう。そこで、弾性荷重が作用する片持梁の固定端と自由端における境界条件が逆になっていることから、片持梁については、弾性荷重が作用するときの固定端と自由端を入れ替えることとする。このとき、A 点は自由端となり、$Q_A^* = M_A^* = 0$ となる。したがって、(4)、(5)式は以下のように変更される。

$$Q_B^* = -\int_0^{l_{AB}} q^*(x)\, dx \tag{6}$$

$$M_B^* = -\int_0^{l_{AB}} (l_{AB} - x) q^*(x)\, dx \tag{7}$$

ここで各式を見比べると、(7)式は(3)式と一致し、(6)式は(1)式の $\kappa(x)$ を $q^*(x)$ に入れ替えた式と一致していることがわかる。

以上を整理すると、片持梁においては、曲げモーメント $M(x)$ から弾性荷重 $q^*(x) = \dfrac{M(x)}{EI}$ を求め、その弾性荷重を「固定端と自由端を入れ替えた片持梁」に作用させたときのある点での曲げモーメントを求めるとそれがその点での「たわみ」となり、せん断力を求めるとその点での「たわみ角」となる。

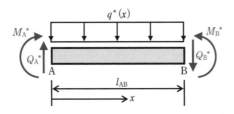

図2　弾性荷重が作用する梁の A 点・B 点における断面力

このように、片持梁に対するモールの定理の原理は、**23** 項で示した単純梁に対するものとほぼ同じではあるが、境界条件に関して単純梁の場合とは異なる点に注意が必要である。

2 計算例①：先端に集中荷重が作用する片持梁

　一例として、図3に示す先端に集中荷重が作用する片持梁を考える。その曲げモーメント図は図4のようになる。上記の片持梁に対するモールの定理より、図5のような三角形分布弾性荷重が「固定端と自由端を入れ替えた片持梁」に作用した場合を考える。図4の曲げモーメント分布は負の分布であるため、図5において弾性荷重は上向きに作用させる。右固定端におけるせん断力（反力）から右端のたわみ角（$\frac{Pl^2}{2EI}$）、右固定端における曲げモーメントから右端のたわみ（$\frac{Pl^3}{3EI}$）が求められる。

3 計算例②：中央に集中荷重が作用する片持梁

　次に、図6に示すような、片持梁の中央に集中荷重が作用するときの、先端でのたわみとたわみ角を求めてみよう。

　図7のように AC 部分を1つの片持梁と見なすことができることから、その先端 C 点でのたわみとたわみ角は、上記の計算結果より次のように求められる（長さ l を $\frac{l}{2}$ に置換）。

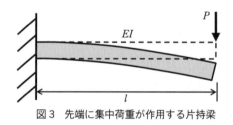

EI

P

l

図3　先端に集中荷重が作用する片持梁

Pl

図4　曲げモーメント図

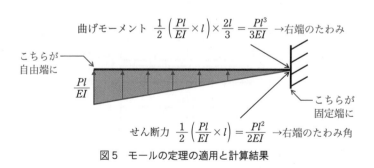

曲げモーメント　$\frac{1}{2}\left(\frac{Pl}{EI}\times l\right)\times\frac{2l}{3}=\frac{Pl^3}{3EI}$ →右端のたわみ

こちらが自由端に

$\frac{Pl}{EI}$

こちらが固定端に

せん断力　$\frac{1}{2}\left(\frac{Pl}{EI}\times l\right)=\frac{Pl^2}{2EI}$ →右端のたわみ角

図5　モールの定理の適用と計算結果

$$v_{\mathrm{C}} = \frac{Pl^3}{24EI} \tag{8}$$

$$\theta_{\mathrm{C}} = \frac{Pl^2}{8EI} \tag{9}$$

一方、CB 間には曲げモーメントが生じておらず、曲げ変形が発生していないことから、たわみ角に変化はない。したがって、

$$\theta_{\mathrm{B}} = \theta_{\mathrm{C}} = \frac{Pl^2}{8EI} \tag{10}$$

先端のたわみは、C 点でのたわみとたわみ角から次のように求められる。

$$v_{\mathrm{B}} = v_{\mathrm{C}} + \frac{l}{2}\,\theta_{\mathrm{C}} = \frac{Pl^3}{24EI} + \frac{Pl^3}{16EI} = \frac{5Pl^3}{48EI} \tag{11}$$

本項の最初で述べたように、片持梁に対するモールの定理は単純梁とは異なり、弾性荷重に対する境界条件を元のモデルのものとは逆（固定端を自由端に、自由端を固定端に）にする点に注意を要する。

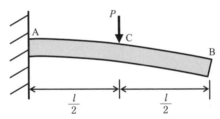

図 6　中央に集中荷重が作用する片持梁

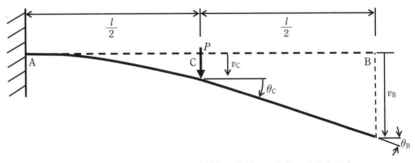

図 7　中央に集中荷重が作用する片持梁の先端でのたわみとたわみ角

26 片持梁のたわみ（モールの定理）②
等分布荷重が作用する場合

25 項で説明した片持梁に対するモールの定理を等分布荷重が作用する場合に適用してみよう。ここでも、25 項と同様に、弾性荷重を作用させる際に、原問題とは固定端と自由端の位置を入れ替える点に注意を要する。

1 計算例①：等分布荷重が作用する片持梁

図1のような等分布荷重qが作用する曲げ剛性EIの片持梁を考えてみよう。そのときの曲げモーメント図は、図2のような放物線（2次関数）になる。

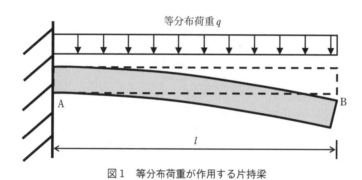

図1　等分布荷重が作用する片持梁

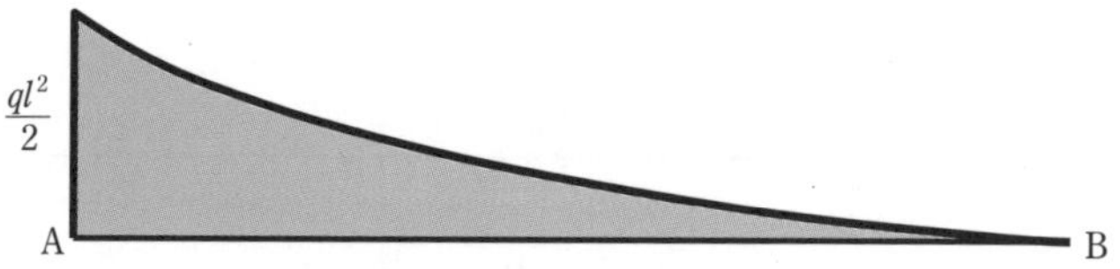

図2　曲げモーメント図

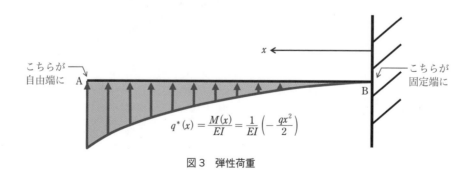

$$q^*(x) = \frac{M(x)}{EI} = \frac{1}{EI}\left(-\frac{qx^2}{2}\right)$$

図3　弾性荷重

⎯25⎯ 項で説明した片持梁に対するモールの定理より、図2の $M(x)$ から弾性荷重 $q^*(x)=$ $\dfrac{M(x)}{EI}$ を求め（ここでは負の曲げモーメントとなるため、上方に作用すると考える）、それを図3のように「固定端と自由端を入れ替えた片持梁」に作用させる。分布荷重が2次関数であるため積分を用いた表現が必要となるが、ここでは ⎯24⎯ 項にも示した積分が不要となる算定方法を用いる（図4）。

図4により、図3の分布荷重を集中荷重に置換する（図5）。これより、図1の等分布荷重を受ける片持梁における右端（自由端）でのたわみ角とたわみが次のように求められる。

$$\theta_{\mathrm{B}}=\frac{ql^3}{6EI} \tag{1}$$

$$v_{\mathrm{B}}=\frac{ql^3}{6EI}\times\frac{3l}{4}=\frac{ql^4}{8EI} \tag{2}$$

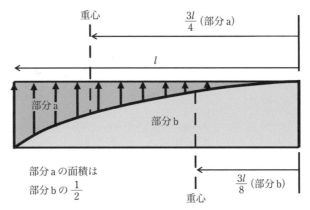

図4　頂点を端部に含む2次関数の面積と重心位置の求め方

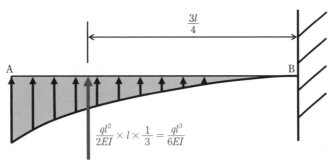

図5　弾性荷重の集中荷重への置換と作用位置（重心）

2 計算例②：先端側の半分に等分布荷重が作用する片持梁

　次に、図6のような先端側の半分に等分布荷重qが作用する曲げ剛性EIの片持梁を考えてみよう。そのときの先端（B点）におけるたわみ角とたわみを求めよう（図7）。

　この場合の曲げモーメント図は、図8のような区間ごとの自由体を考えることにより、図9のように得られる。

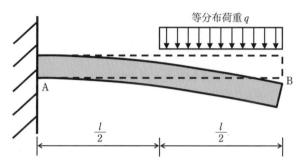

図6　先端側の半分に等分布荷重が作用する片持梁

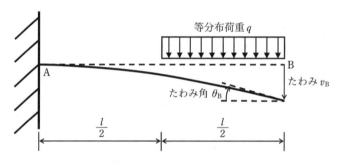

図7　先端におけるたわみ角とたわみ

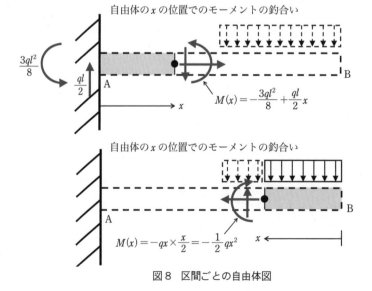

図8　区間ごとの自由体図

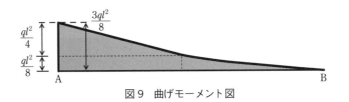

図9　曲げモーメント図

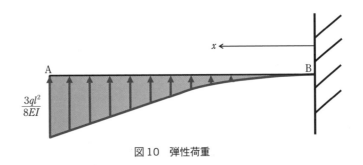

図10　弾性荷重

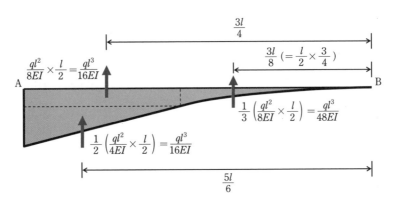

図11　分割した弾性荷重の合力とその作用位置

　図9の曲げモーメント図に対する弾性荷重を図10に示す。

　図10の弾性荷重を図11のように3分割し、各部分の合力と作用位置を求める。ここでは、右半分における2次関数部分の右端が2次関数の頂点となっていることに留意する必要がある。

　先端のB点のたわみ角とたわみは、モールの定理により、弾性荷重に対するB点でのせん断力と曲げモーメントから以下のように求められる。

$$\theta_{\mathrm{B}} = \frac{ql^3}{16EI} + \frac{ql^3}{16EI} + \frac{ql^3}{48EI} = \frac{7ql^3}{48EI} \tag{3}$$

$$v_{\mathrm{B}} = \frac{ql^3}{16EI} \times \frac{5l}{6} + \frac{ql^3}{16EI} \times \frac{3l}{4} + \frac{ql^3}{48EI} \times \frac{3l}{8} = \frac{41ql^4}{384EI} \tag{4}$$

構造力学Ⅱ‥力学の展開（静定構造）

107

27 梁のたわみ（微分方程式を積分する方法）①
2階微分方程式の場合

23 ～ 26 項において、モールの定理を用いた単純梁と片持梁のたわみの求め方について解説した。本項では、さらに一般的な方法として、支配式である微分方程式を積分する方法について説明する。微分方程式には、①曲げモーメントと曲率（たわみの2階微分）の関係を表したものと、②それにさらに曲げモーメントと分布荷重の関係を代入したたわみの4階微分と分布荷重の関係を表したものの2種類がある。本項では①の関係を用いた場合の説明を行う。この場合には、計算の前提として曲げモーメント分布が必要になるため、取り扱える構造物は曲げモーメント分布が直接求められる静定構造に限定される。その中でも単純梁と片持梁を取り上げる。もちろん、不静定構造物であっても曲げモーメント分布が求まっていれば、本項の方法を用いてたわみ曲線を誘導することも可能である。

なお、微分方程式について馴染みのない読者は、本項および 28 項は飛ばしていただいても問題ない。

19 項で解説したように、図1のような平面保持と法線保持の仮定に基づく断面内のひずみ分布 $\varepsilon_x(y) = \kappa y$ を考慮し、フックの法則と曲げモーメントの定義式などを用いると、曲げモーメント $M(x)$ と曲率 $\kappa(x)$ には $M(x) = EI\kappa(x)$ の関係が成立している。また、曲率はたわみ $v(x)$ と $\kappa(x) = -v''(x)$ の関係にある。したがって、次式が成立する。

$$M(x) = -EIv''(x) \tag{1}$$

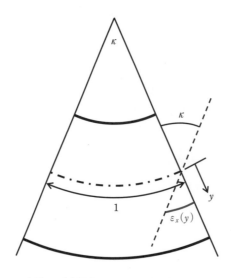

図1 平面保持と法線保持の仮定に基づく断面内のひずみ分布

単純梁や片持梁の静定梁では曲げモーメント分布が力の釣合いから求められているため、(1)式の左辺に代入し、その式を2回積分して変位に関する境界条件（たわみとたわみ角）を代入することにより、たわみ$v(x)$が求められる。以下にいくつかの計算例を示す。なお、表現を簡便にするため、以下では$v(x)$、$M(x)$の一部をそれぞれv、Mと表している。

■1 計算例①：集中荷重が作用する単純梁

　図2の単純梁を考える。(1)式より、

$$v'' = -\frac{M}{EI} = -\frac{P}{2EI}x$$

　順次積分して、

$$v' = -\frac{P}{4EI}x^2 + C_1$$

$$v = -\frac{P}{12EI}x^3 + C_1 x + C_2$$

$v(0) = 0$ より $C_2 = 0$、$v'\left(\dfrac{l}{2}\right) = 0$ より $C_1 = \dfrac{Pl^2}{16EI}$。

　このとき、中央点でのたわみと端点でのたわみ角は、次のように求められる。

$$v\left(\frac{l}{2}\right) = \frac{Pl^3}{48EI}、\ v'(0) = \frac{Pl^2}{16EI}$$

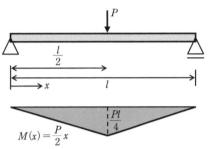

$$M(x) = \frac{P}{2}x$$

図2　集中荷重が作用する単純梁と曲げモーメント図

■2 計算例②：等分布荷重が作用する単純梁

　図3の単純梁を考える。(1)式より、

$$v'' = -\frac{M}{EI} = \frac{1}{EI}\left(\frac{qx^2}{2} - \frac{ql}{2}x\right)$$

　順次積分して、

$$v' = \frac{1}{EI}\left(\frac{qx^3}{6} - \frac{ql}{4}x^2\right) + C_1$$

$$v = \frac{1}{EI}\left(\frac{qx^4}{24} - \frac{ql}{12}x^3\right) + C_1 x + C_2$$

$v(0) = 0$ より $C_2 = 0$、$v'\left(\dfrac{l}{2}\right) = 0$ より $C_1 = \dfrac{ql^3}{24EI}$。

　このとき、中央点でのたわみと端点でのたわみ角は、次のように求められる。

$$v\left(\frac{l}{2}\right) = \frac{5ql^4}{384EI}、\ v'(0) = \frac{ql^3}{24EI}$$

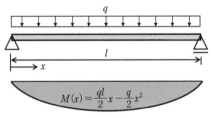

$$M(x) = \frac{ql}{2}x - \frac{q}{2}x^2$$

図3　等分布荷重が作用する単純梁と曲げモーメント図

3 計算例③：集中荷重が作用する片持梁

図4の片持梁を考える。(1)式より、

$$v'' = -\frac{M}{EI} = \frac{1}{EI}(Pl - Px)$$

順次積分して、

$$v' = \frac{1}{EI}\left(Plx - \frac{P}{2}x^2\right) + C_1$$

$$v = \frac{1}{EI}\left(\frac{Pl}{2}x^2 - \frac{P}{6}x^3\right) + C_1 x + C_2$$

$v(0) = v'(0) = 0$ より $C_1 = C_2 = 0$。

したがって、たわみ曲線は次式となる。

$$v(x) = \frac{1}{EI}\left(\frac{Pl}{2}x^2 - \frac{P}{6}x^3\right)$$

このとき、先端でのたわみとたわみ角は次のように求められる。

$$v(l) = \frac{Pl^3}{3EI}、\ v'(l) = \frac{Pl^2}{2EI}$$

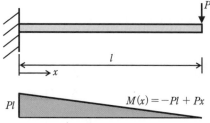

図4　集中荷重が作用する片持梁と曲げモーメント図

4 計算例④：等分布荷重が作用する片持梁

図5の片持梁を考える。(1)式より、

$$v'' = -\frac{M}{EI} = -\frac{1}{EI}\left(qlx - \frac{ql^2}{2} - \frac{q}{2}x^2\right)$$

順次積分して、

$$v' = -\frac{1}{EI}\left(\frac{ql}{2}x^2 - \frac{ql^2}{2}x - \frac{q}{6}x^3\right) + C_1$$

$$v = -\frac{1}{EI}\left(\frac{ql}{6}x^3 - \frac{ql^2}{4}x^2 - \frac{q}{24}x^4\right) + C_1 x + C_2$$

$v(0) = v'(0) = 0$ より $C_1 = C_2 = 0$。

したがって、たわみ曲線は次式となる。

$$v(x) = \frac{1}{EI}\left(\frac{q}{24}x^4 - \frac{ql}{6}x^3 + \frac{ql^2}{4}x^2\right)$$

このとき、先端でのたわみとたわみ角は、次のように求められる。

$$v(l) = \frac{ql^4}{8EI}、\ v'(l) = \frac{ql^3}{6EI}$$

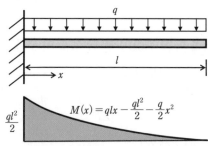

図5　等分布荷重が作用する片持梁と曲げモーメント図

5 計算例⑤：モーメント荷重が作用する単純梁

図6の単純梁を考える。(1)式より、

$$v'' = -\frac{M}{EI} = \frac{1}{EI}\left(\frac{M_A}{l}x - M_A\right)$$

順次積分して、

$$v' = \frac{1}{EI}\left(\frac{M_A}{2l}x^2 - M_A x\right) + C_1$$

$$v = \frac{1}{EI}\left(\frac{M_A}{6l}x^3 - \frac{M_A}{2}x^2\right) + C_1 x + C_2$$

$v(0) = 0$ より $C_2 = 0$、$v(l) = 0$ より $C_1 = \dfrac{M_A l}{3EI}$。

このとき、端部でのたわみ角は、次のように求められる。

$$v'(0) = \frac{M_A l}{3EI}、\quad v'(l) = -\frac{M_A l}{6EI}$$

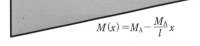

図6　左端にモーメント荷重が作用する単純梁と曲げモーメント図

6 計算例⑥：モーメント荷重が作用する片持梁

図7の片持梁を考える。(1)式より、

$$v'' = -\frac{M}{EI} = \frac{M_B}{EI}$$

順次積分して、

$$v' = \frac{M_B}{EI}x + C_1$$

$$v = \frac{M_B}{2EI}x^2 + C_1 x + C_2$$

$v(0) = v'(0) = 0$ より $C_1 = C_2 = 0$。

したがって、たわみ曲線は次式となる。

$$v(x) = \frac{M_B}{2EI}x^2$$

このとき、先端でのたわみとたわみ角は、次のように求められる。

$$v(l) = \frac{M_B l^2}{2EI}、\quad v'(l) = \frac{M_B l}{EI}$$

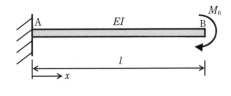

図7　先端にモーメント荷重が作用する片持梁と曲げモーメント図

28 梁のたわみ（微分方程式を積分する方法）②
4階微分方程式の場合

前項の最初で触れた2種類の微分方程式のうちの2つ目の場合について解説する。図1に示す梁の微小要素に作用する断面力の釣合いを考えることにより、次のような曲げモーメント $M(x)$ と鉛直分布力 $q(x)$ の関係式が得られる。なお、表現を簡便にするため、以下では $M(x)$、$Q(x)$、$q(x)$、$v(x)$ の一部をそれぞれ M、Q、q、v で表している。

$$M'' = -q \tag{1}$$

27 項の(1)式より、

$$M = -EIv'' \tag{2}$$

(2)式を(1)式に代入すると、次式が得られる。

$$EIv'''' = q \tag{3}$$

27 項では静定梁を扱っていたのに対して、ここで説明する方法では前もって曲げモーメント分布を求める必要がないため、本手法は不静定梁に対しても適用可能である。

以下では、単純梁および片持梁に加えて、一端固定・他端ローラー支持の不静定梁についても(3)式の適用例を示す。

なお、不静定梁においては、変位に関する境界条件以外に断面力に関する境界条件も用いる必要があるため、以下に断面力 Q（せん断力）とたわみ v の関係を示す。

$$Q = -EIv''' \tag{4}$$

これは、(2)式を x で微分した式と、図1の微小要素の中心点に関するモーメントの釣合いから得られる $Q = \dfrac{dM}{dx}$ の関係から得られる。M とたわみ v の関係については(2)式を用いる。

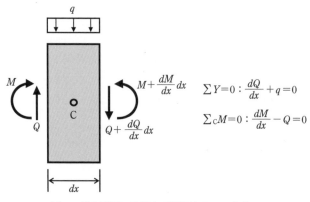

$$\sum Y = 0 : \frac{dQ}{dx} + q = 0$$

$$\sum_C M = 0 : \frac{dM}{dx} - Q = 0$$

図1 微小要素に作用する断面力とその釣合い

❶ 計算例①：等分布荷重が作用する単純梁

図2に示す等分布荷重が作用する単純梁について考えてみよう。(3)式より、

$$EIv'''' = q \tag{5}$$

この微分方程式を順次積分し、境界条件を代入する。最初の積分を実行すると次式を得る。

$$EIv''' = qx + C_1 \tag{6}$$

せん断力に関する境界条件は、(4)式より $EIv'''(0) = -Q(0) = -\dfrac{ql}{2}$。したがって、$C_1 = -\dfrac{ql}{2}$ となる。積分を続行して次式を得る。

$$EIv'' = \frac{q}{2} x^2 + C_1 x + C_2 \tag{7}$$

曲げモーメントに関する境界条件は、(2)式より $EIv''(0) = -M(0) = 0$。したがって、$C_2 = 0$ が得られる。さらに積分を続行して次式となる。

$$EIv' = \frac{q}{6} x^3 + \frac{1}{2} C_1 x^2 + C_3 \tag{8}$$

変位に関する境界条件は、中央点でのたわみ角が0であることから、$EIv'\left(\dfrac{l}{2}\right) = 0$。したがって、$C_3 = \dfrac{ql^3}{24}$ が得られる。さらに積分を続行して次式を得る。

$$EIv = \frac{q}{24} x^4 + \frac{1}{6} C_1 x^3 + C_3 x + C_4 \tag{9}$$

もう1つの変位に関する境界条件は、左端でのたわみが0となることから、$EIv(0) = C_4 = 0$ が得られる。

したがって、たわみ曲線が次のように求められる。

$$v(x) = \frac{1}{EI} \left(\frac{q}{24} x^4 - \frac{ql}{12} x^3 + \frac{ql^3}{24} x \right) \tag{10}$$

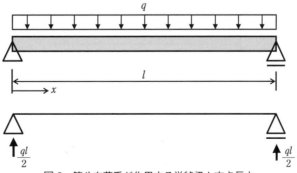

図2　等分布荷重が作用する単純梁と支点反力

2 計算例②：等分布荷重が作用する片持梁

次に、図3に示す等分布荷重が作用する片持梁について考えてみよう。(3)式より、

$$EIv'''' = q \tag{11}$$

この微分方程式を順次積分し、境界条件を代入する。最初の積分を実行すると次式を得る。

$$EIv''' = qx + C_1 \tag{12}$$

せん断力に関する境界条件は、(4)式より $EIv'''(0) = -Q(0) = -ql$ 。したがって、$C_1 = -ql$ が得られる（$EIv'''(l) = -Q(l) = 0$ を用いても同じ結果が得られる）。積分を続行して次式を得る。

$$EIv'' = \frac{q}{2}x^2 + C_1x + C_2 \tag{13}$$

曲げモーメントに関する境界条件は、(2)式より $EIv''(0) = -M(0) = \dfrac{ql^2}{2}$ 。したがって、$C_2 = \dfrac{ql^2}{2}$ が得られる（$EIv''(l) = -M(l) = 0$ を用いても同じ結果が得られる）。さらに積分を続行して次式を得る。

$$EIv' = \frac{q}{6}x^3 + \frac{1}{2}C_1x^2 + C_2x + C_3 \tag{14}$$

変位に関する境界条件は、左端（固定端）でのたわみ角が 0 であることから、$EIv'(0) = 0$。したがって、$C_3 = 0$ が得られる。さらに積分を続行して次式を得る。

$$EIv = \frac{q}{24}x^4 + \frac{1}{6}C_1x^3 + \frac{1}{2}C_2x^2 + C_4 \tag{15}$$

もう1つの変位に関する境界条件は、左端でのたわみが 0 となることから、$EIv(0) = C_4 = 0$ が得られる。

したがって、たわみ曲線が次のように求められる。

$$v(x) = \frac{1}{EI}\left(\frac{q}{24}x^4 - \frac{ql}{6}x^3 + \frac{ql^2}{4}x^2\right) \tag{16}$$

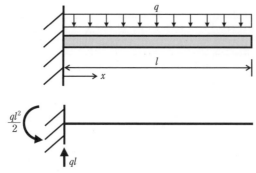

図3　等分布荷重が作用する片持梁と支点反力

3 計算例③：等分布荷重が作用する一端固定・他端ローラー支持の不静定梁

図4に示す一端固定・他端ローラー支持の不静定梁について考えてみよう。(3)式より、

$$EIv'''' = q \tag{17}$$

この微分方程式を順次積分し、境界条件を代入する。2回積分を実行すると次式が得られる。

$$EIv''' = qx + C_1 \tag{18}$$

$$EIv'' = \frac{q}{2}x^2 + C_1 x + C_2 \tag{19}$$

曲げモーメントに関する境界条件は、(2)式より $EIv''(l) = -M(l) = 0$。したがって、$C_2 = 0$ が得られる。さらに上式を積分して次式を得る。

$$EIv' = \frac{q}{6}x^3 + \frac{1}{2}C_1 x^2 + C_3 \tag{20}$$

変位に関する境界条件は、左端（固定端）でのたわみ角が0であることから、$EIv'(0) = 0$。したがって、$C_3 = 0$ が得られる。さらに上式を積分して次式を得る。

$$EIv = \frac{q}{24}x^4 + \frac{1}{6}C_1 x^3 + C_4 \tag{21}$$

もう1つの変位に関する境界条件は、左端でのたわみが0であることから、$EIv(0) = C_4 = 0$ が得られる。また、右端でのたわみが0であることから、$EIv(l) = 0$。したがって、$C_1 = -\frac{ql}{4}$ が得られる。

したがって、たわみ曲線が次のように求められる。

$$v(x) = \frac{1}{EI}\left(\frac{q}{24}x^4 - \frac{ql}{24}x^3\right) \tag{22}$$

ここで注目すべきは、図4のモデルは不静定構造であるものの、(3)式の $EIv'''' = q$ を用いて、変位境界条件だけでなく、断面力の境界条件も用いることにより、たわみ曲線が求められることである。

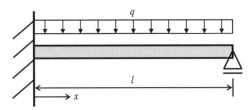

図4　等分布荷重が作用する一端固定・他端ローラー支持の不静定梁

29 柱の座屈①
単純支持柱の座屈荷重と安定性

　柱のような直線部材が軸圧縮力の作用を受けると、縮むだけでなく、ある一定の軸圧縮力に達すると突然たわみだす現象が存在することが古くから知られている。一般に座屈と呼ばれる現象で、大きな軸圧縮力を受ける細長い部材などでは限界の軸力を決める重要な指標となっている。18世紀にドイツのレオンハルト・オイラー（1707〜1783年）がこの現象を発見し定式化したことから、オイラー座屈とも呼ばれており、部材が細長くなることが多い強度の高い鋼材などでは、そうした座屈による挙動の解明が重要な課題となっている。

　本項では、オイラー座屈を生じる荷重（オイラー座屈荷重という）の算定式を誘導するが、微分方程式を用いる必要がある。誘導について不要と思われる読者は、本項は飛ばし、次項に進んでいただいても構わない。

1 座屈荷重の算定式

　図1のような、断面の中心（図心）に一定の軸方向力Pが作用する曲げ剛性EIの単純支持された直線部材を考える。

　初等的な建築構造力学の範囲では、微小変形の仮定（1に対して十分に小さいたわみ角θの範囲では、$\sin\theta \cong \theta$、$\cos\theta \cong 1$の近似が成立）を設定する。また、力の釣合いは変形前の状態に関して考えるのが通常だが、変形は小さくても軸力が大きく、軸力とたわみの積としてのモーメントが力の釣合いに大きな影響を及ぼす座屈の現象を扱う際には、変形した状態での力の釣合いを考える必要がある。こうした変形した状態において力の釣合いを考える理

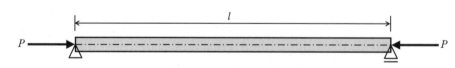

図1　中心に軸方向力が作用する直線部材

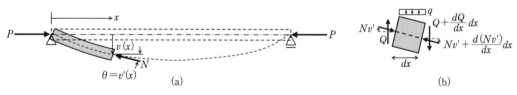

図2　変形した状態における力の釣合い

論のことを、少し高度な用語では幾何学的非線形の理論と呼ぶ。

　図1のモデルについて、図2(a)のような変形した状態での力の釣合いを考えよう。

　曲げモーメント $M(x)$ と鉛直分布荷重 $q(x)$ には次のような関係が成立することを28項で示した。

$$M''(x) = -q(x) \tag{1}$$

また、27項の(1)式より次式が成立している。

$$M(x) = -EIv''(x) \tag{2}$$

　図2(b)に示す自由体において、$\sin v'(x) \cong v'(x)$、$\cos v'(x) \cong 1$ の近似を用いて鉛直方向の力の作用を考えると、$q(x)$ と $-N(x)v''(x)$ の等価性（実際には $q(x)$ は作用していないため、$-N(x)v''(x)$ を $q(x)$ と見なすということ）より次式が得られる。

$$q(x) \cong -N(x)v''(x) \cong -Pv''(x) \tag{3}$$

$N(x)$ は軸方向力を表し、近似的には P に等しい。(2)、(3)式を(1)式に代入すると、

$$EIv''''(x) + Pv''(x) = 0 \tag{4}$$

ここで、

$$k = \sqrt{\frac{P}{EI}} \tag{5}$$

と定義すると、(4)式は次式となる。

$$v''''(x) + k^2 v''(x) = 0 \tag{6}$$

(6)式の一般解は次式となる。

$$v(x) = C_1 \sin kx + C_2 \cos kx + C_3 x + C_4 \tag{7}$$

(7)式から、$v'(x)$ と $v''(x)$ は次のように導かれる。

$$v'(x) = C_1 k \cos kx - C_2 k \sin kx + C_3 \tag{8}$$

$$v''(x) = -C_1 k^2 \sin kx - C_2 k^2 \cos kx \tag{9}$$

ここで、変位と断面力（曲げモーメント）の境界条件を適用する。すなわち、

$$x = 0 \ \text{で} \ v(0) = 0、M(0) = -EIv''(0) = 0 \tag{10a}$$

$$x = l \ \text{で} \ v(l) = 0、M(l) = -EIv''(l) = 0 \tag{10b}$$

　(7)、(9)式を(10a)、(10b)式に当てはめると、未定係数 $C_1 \sim C_4$ に関する次の4個の式が得られる。

$$C_2 + C_4 = 0 \tag{11a}$$

$$-C_2 k^2 = 0 \tag{11b}$$

$$C_1 \sin kl + C_2 \cos kl + C_3 l + C_4 = 0 \tag{11c}$$

$$-C_1 k^2 \sin kl - C_2 k^2 \cos kl = 0 \tag{11d}$$

上記の4式より、次式が得られる。

$$C_2 = C_4 = 0 \tag{12a}$$

$$C_1 \sin kl + C_3 l = 0 \tag{12b}$$

$$C_1 \sin kl = 0 \tag{12c}$$

(12b)、(12c)式より、$C_3 = 0$ となる。ここで $C_1 = 0$ となると、すべての未定係数が 0 となり、意味のある解が得られなくなるため、$C_1 \neq 0$ となる。したがって、座屈を条件づける式として次式が得られる。

$$\sin kl = 0 \tag{13}$$

この(13)式を座屈条件式と呼び、これより次式が導かれる。

$$kl = \pi \tag{14}$$

この他にも(13)式を満たす解は存在するが、この(14)式により最小の k（すなわち座屈の条件を満たす最小の軸方向力）が求められたことになる。(14)式に(5)式を代入することにより、座屈荷重（オイラー座屈荷重）P_E が以下のように求められる。

$$P_E = \frac{\pi^2 EI}{l^2} \tag{15}$$

2 座屈荷重の安定性

なお、座屈の問題では、その現象が安定であるか不安定であるかが構造物の設計において重要である。その簡単な説明として、図3に示すような回転ばねで支持された長さ l の剛体棒の先端に鉛直力 P と水平力 F が作用する問題を考える。

剛体棒の回転角を θ で表すこととし、水平力 F が作用した状態で（あるいは作用させない状態で）鉛直力 P を漸増させると、P と θ の関係は図4の右側の点線のようになる。すなわち、P が $\frac{k}{l}$ よりも小さな範囲では（$\frac{k}{l}$ はひずみエネルギー $\frac{1}{2}k\theta^2$（図5）と荷重による位置エネルギー $-Pl(1-\cos\theta)$ から構成されるポテンシャルエネルギーを用いた議論により誘導可能である。次項で説明）、水平力 F の大きさに応じて図4に示すような P と θ の関係が得られる。この範囲では、復元力としてのモーメント $k\theta$ が外力モーメント $Pl\theta$ を上回り（F を与えてから取り除いた状態）、棒に小さなかく乱を与えても元の釣合い状態に戻る。このような釣合い状態の集合、あるいは力と回転角の軌跡を、安定な釣合い経路と呼んでいる。

一方、P が $\frac{k}{l}$ よりも大きな範囲では、棒に小さなかく乱を与えると元の状態には戻らない。このような釣合い状態の集合、あるいは力と回転角の軌跡を、不安定な釣合い経路と呼んでいる。特に、$F = 0$ の状態で鉛直力を徐々に増加させた場合に、回転角 0 以外の無数の状態（$F = 0$ の水平線）で釣合いが成立するようになる点を分岐点（座屈点）と呼ぶ。なお、$F = 0$ で $\theta = 0$ となる釣合い経路を基本釣合い経路と呼ぶ。

このような座屈現象は、1次元モデルとしての柱や梁、2次元モデルとしての薄肉の平板や

曲面板、あるいは建築骨組や大スパンの構造物など、大きな軸方向力の作用を受ける種々の構造物やモデルにおいて存在する。

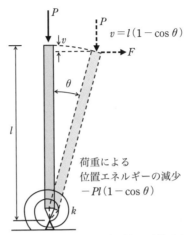

図3　先端に鉛直力と水平力が作用する回転ばねで支持された剛体棒

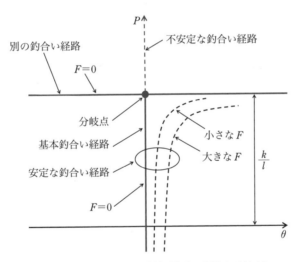

図4　鉛直力と回転角の関係（釣合い経路と分岐点）

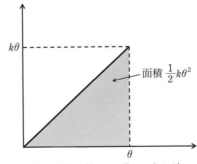

図5　回転ばねのひずみエネルギー

30 柱の座屈②
種々の境界条件に対する座屈荷重と安定性

1 種々の境界条件に対する柱の座屈荷重

29 項で説明した単純支持柱に対するオイラー座屈荷重の算定式を用いることで、種々の境界条件に対する柱の座屈荷重を求めることができる。算定式を適用する際には、単純支持柱の場合の変形状態とその他の境界を有する柱の変形状態を比較し、対応する部分の長さを単純支持柱の長さと関係づけることにより求められる。例えば、水平方向に変位が自由である片持柱（図1(b)）の変形状態は、単純支持柱（図1(a)）の $\frac{1}{2}$ の長さの部分と対応するため、片持柱の長さの2倍（これを座屈長さと呼び、l_k で表す）を単純支持柱の長さと見なせばよい。したがって、$\frac{\pi^2 EI}{l^2}$ を $\frac{\pi^2 EI}{(2l)^2}$ とすることで片持柱の座屈荷重が得られる。

座屈時平均応力（座屈荷重を断面積で除したもの）σ_{cr} は、座屈長さ l_k （図1では、左から l、$2l$、$0.5l$、l、$0.7l$）、断面2次半径 r $\left(= \sqrt{\dfrac{I}{A}}\right)$、細長比 λ_k $\left(= \dfrac{l_k}{r}\right)$ を用いて次のように表現できる。

$$\sigma_{cr} = \frac{P_{cr}}{A} = \frac{\pi^2 E}{l_k^2}\frac{I}{A} = \frac{\pi^2 E}{\left(\dfrac{l_k}{r}\right)^2} = \frac{\pi^2 E}{\lambda_k^2} \tag{1}$$

柱の座屈を生じさせにくくするには、断面2次半径 r を大きくして細長比 λ_k を小さくすることが有効である。鉄骨構造で用いられるH形鋼などはそれに適しているといえる。

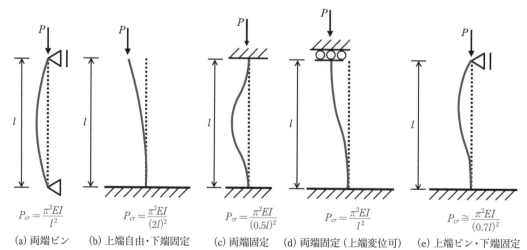

$P_{cr} = \dfrac{\pi^2 EI}{l^2}$	$P_{cr} = \dfrac{\pi^2 EI}{(2l)^2}$	$P_{cr} = \dfrac{\pi^2 EI}{(0.5l)^2}$	$P_{cr} = \dfrac{\pi^2 EI}{l^2}$	$P_{cr} \cong \dfrac{\pi^2 EI}{(0.7l)^2}$
(a) 両端ピン	(b) 上端自由・下端固定	(c) 両端固定	(d) 両端固定（上端変位可）	(e) 上端ピン・下端固定

図1　種々の境界条件を有する柱の座屈荷重

❷ 柱の座屈荷重の安定性（全ポテンシャルエネルギーによる説明）

　次に、柱の座屈荷重の安定性について考えてみよう。柱そのもので解説すると定式化が少し複雑となるため、前項で触れた剛体棒－回転ばねモデル（図2）について再考する。前項では、安定性はポテンシャルエネルギーを用いて説明できると述べた。以降では、そのポテンシャルエネルギーに着目し、考察する。

　構造システムの安定性を議論する上で、全ポテンシャルエネルギー（ひずみエネルギーと外力ポテンシャルエネルギーの和）の挙動について議論することが有効であることは古くから知られている。すなわち、系が別の状態に移動する際に移りやすいかどうかを表現することになる。全ポテンシャルエネルギーが増加する方向には新たなエネルギーが必要となるため移動しにくい（安定）が、減少する方向にはエネルギーを必要としないため移動しやすい（不安定）からである。

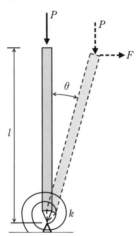

図2　先端に鉛直力と水平力が作用する回転ばねで支持された剛体棒

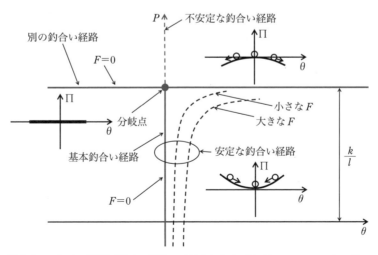

図3　鉛直力と回転角の関係（釣合い経路と分岐点）および全ポテンシャルエネルギーの様相

図2のモデルの回転変形に対する全ポテンシャルエネルギーΠは、ひずみエネルギーと荷重によるポテンシャルエネルギー（位置エネルギー）の和として次式で与えられる（前項）。

$$\Pi = \frac{1}{2}k\theta^2 - Pl(1-\cos\theta) \tag{2}$$

$\cos\theta$ の θ に関する2次近似(テイラー展開により微小変形の仮定よりも解像度を一段上げたもの）までを採用すると、次式となる。

$$\Pi = \frac{1}{2}k\theta^2 - \frac{1}{2}Pl\theta^2 \tag{3}$$

釣合い式は、全ポテンシャルエネルギー停留の原理より、全ポテンシャルエネルギーΠの変形の自由度 θ（変形を表す変数）に関する1階導関数により与えられ、次式で表される。

$$\frac{d\Pi}{d\theta} = k\theta - Pl\theta = (k-Pl)\,\theta = 0 \tag{4}$$

2階導関数は、(4)式をさらに θ で微分して次式となる。

$$\frac{d^2\Pi}{d\theta^2} = k - Pl \tag{5}$$

したがって、剛体棒が回転しない基本釣合い経路の近くでは、$P < \dfrac{k}{l}$ ならばΠは下に凸の関数（周辺への移動はエネルギーの増加を必要とするため移動しにくく安定）、$P > \dfrac{k}{l}$ ならばΠは上に凸の関数（周辺への移動はエネルギーが減少する方向であるため移動しやすく不安定）となる。図3にその様子を示す。これは、$P < \dfrac{k}{l}$ ならば、少しのかく乱に対して系（ここでは剛体棒－回転ばねモデル）は安定な状態を保持し、$P > \dfrac{k}{l}$ ならば、少しのかく乱に対

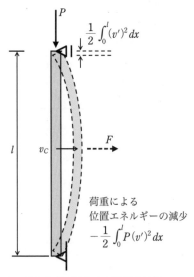

図4　一定の軸方向力が作用する単純支持柱

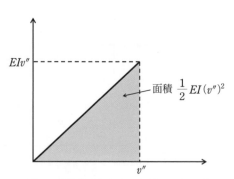

図5　単位長さあたりのひずみエネルギー

して不安定な状態を示すことを意味している。また、(4)式から得られた釣合い式は、$k-Pl$ ＝0あるいはθ＝0を表している。図3からもわかるように、$k-Pl$＝0が満たされるときには（Pが座屈荷重に達しているときには）回転角θは任意となり、回転が自由に生じて座屈が生じ得ることを意味している。一方、θ＝0は基本釣合い経路（座屈しないケース）として存在することを意味している。

　以上の剛体棒－回転ばねモデルに対する議論は、図4に示す単純支持された柱に対してもほぼ同様に適用できる。この場合、全ポテンシャルエネルギーの表現は、$\Pi = \dfrac{1}{2}\displaystyle\int_0^l EI\,(v'')^2\,dx$ $-\dfrac{1}{2}\displaystyle\int_0^l P\,(v')^2\,dx$ となる。第1項がひずみエネルギーを（図5）、第2項が荷重による位置エネルギーを表している。$P<\dfrac{\pi^2 EI}{l^2}$ ならば全ポテンシャルエネルギーΠは下に凸の関数、$P>\dfrac{\pi^2 EI}{l^2}$ ならばΠは上に凸の関数となる。

　図6にその様子を示す。これは、$P<\dfrac{\pi^2 EI}{l^2}$ ならば、少しのかく乱に対して系（ここでは単純支持柱）は安定な状態を保持し、$P>\dfrac{\pi^2 EI}{l^2}$ ならば、少しのかく乱に対して不安定な状態を示すことを意味している。すなわち、前者ではかく乱されたボールがお椀の底に戻るのに対して（安定）、後者ではかく乱されたボールは山頂から転げ落ちることになる（不安定）。また、剛体棒－回転ばねモデルの(5)式からもわかるように、荷重が座屈荷重に近づくにつれ、全ポテンシャルエネルギーの下に凸の曲線の2階の微係数が小さくなり0に近づくため、安定から不安定な状態へと状態が変化することが理解される。

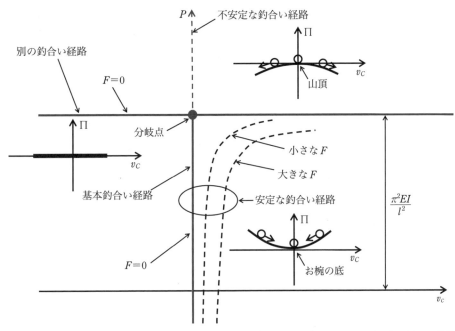

図6　軸方向力と中央たわみの関係（釣合い経路と分岐点）および全ポテンシャルエネルギーの様相

構造力学＝∴力学の展開（静定構造）

123

31 不静定梁の解法（応力法）①
集中荷重が作用する場合

■1 応力法と変位法の特徴

　前項までは静定構造を扱い、力の釣合いのみから反力や断面力を求めた上で、モールの定理を使って単純梁や片持梁のたわみ等を求める方法について解説した。35〜38項で後述するように、静定構造では荷重に対する冗長性（一部が壊れても全体の崩壊につながらないこと）がそれほど大きくないため、荷重が増加してどこかが壊れると、即座に全体の崩壊に至って不安定となる。したがって、そのような観点からは、不静定構造には、建物に冗長性を付加して安全性を高めるという重要な構造設計上の役割が期待される。

　そこで、本項から34項にわたり、そのような不静定構造の反力・断面力・変形を求める2つの方法について紹介する。本項と32項では、反力や断面力を未知量とする応力法について解説する。また、33、34項では、変位を未知量とする変位法について述べる。

　構造解析においては、応力法と変位法が代表的な解析法として活用されているが、最近ではコンピューターを用いた解析が主流となっているため、それに適した変位法がよく利用されている。また、不静定次数が小さい範囲では応力法も有効な解析法であるが、不静定次数が大きくなると変位法の方が有効となる。さらに、応力法は不静定構造だけに利用できる解析法であるのに対して、変位法は静定・不静定に関係なく利用できるというメリットがある。しかしながら、静定構造との関係も容易に理解されるなど、応力法は構造解析の内容を深く理解する上で重要であるため、詳しく学ぶことには大きな意義がある。

■2 計算例：集中荷重が作用する2スパン連続梁

　図1に示すような、曲げ剛性 EI の2スパン連続梁 ABC の区間 AB の中点 D に鉛直下向きの集中荷重 P が作用する場合を考える。この連続梁（不静定梁）の曲げモーメント図とせん断力図を描き、支点反力を求めよう。

　不静定梁の解析では、不静定力（あるいは不静定モーメント）を選定してそれに対応する変位（変形）の拘束を取り除き、変位（変形）の適合条件から不静定力を求めることになる。

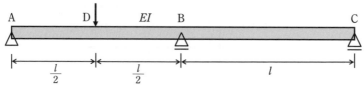

図1　集中荷重が作用する2スパン連続梁

不静定力としては、支点反力の他に、ある点の断面力（曲げモーメントなど）が選ばれる。ここでは、図2に示すB点における曲げモーメントM_B（上側縁が引張）を不静定モーメントとして選定しよう。

　続いて、図2の左右2つの単純梁に、中央集中荷重Pおよび端部モーメント荷重M_Bが作用したときの梁ABのB点、梁BCのB点の節点回転角（材軸線のB点での接線と水平軸がなす角）を求める。これらの節点回転角は、23 項で解説したモールの定理を用いて力の釣合いから求めることができる。以下、その求め方について説明しよう。なお、端部モーメント荷重M_Bにより生じる端部の節点回転角は左右の梁で同じように求められるため、ここでは梁BCについて示す。

　図2の梁ABの中央に集中荷重Pが作用したときと、梁BCの左端にモーメント荷重M_Bが作用したときの支点反力および曲げモーメント図は、08 項で解説した方法により、図3(a)、(b)のように求められる。

　図3の曲げモーメント図に対応する弾性荷重q^*は図4(a)、(b)のようになり、それに対する支点反力は図4(c)、(d)に示す通りとなる。モールの定理より、それぞれの荷重に対するB点での節点回転角は図5のように求められる。

　B点におけるたわみ角の適合条件（B点の左右でそれぞれの単純梁のたわみ角が等しい）より、M_Bが以下のように求められる。

$$-\frac{Pl^2}{16EI}+\frac{M_B l}{3EI}=-\frac{M_B l}{3EI} \quad \rightarrow \quad M_B=\frac{3Pl}{32}$$

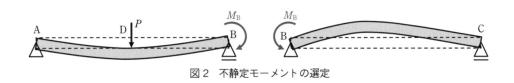

図2　不静定モーメントの選定

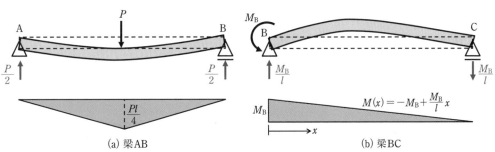

（a）梁AB　　　　　　　　　　　　　　　（b）梁BC
図3　拘束を取り除いた2つの単純梁に対するそれぞれの支点反力と曲げモーメント図

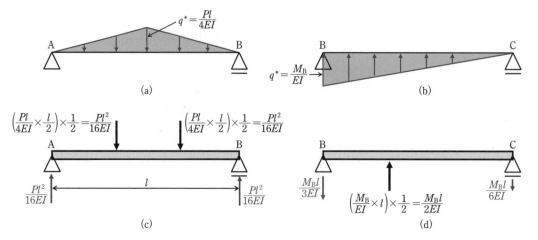

図4　モールの定理の適用（弾性荷重と支点反力）

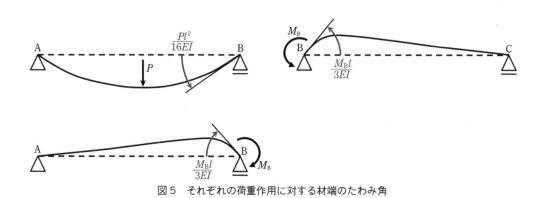

図5　それぞれの荷重作用に対する材端のたわみ角

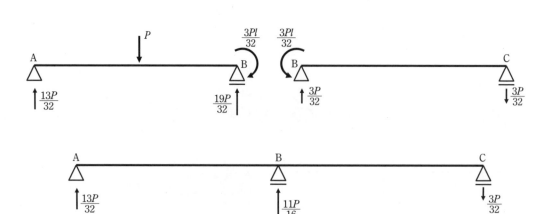

図6　それぞれの単純梁の支点反力とそれらを重ね合わせた後の支点反力

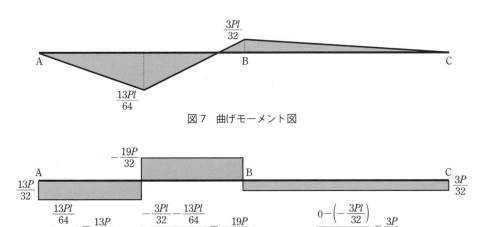

図7 曲げモーメント図

$$\frac{3Pl}{32}$$

$$\frac{13Pl}{64}$$

$$\frac{13P}{32}$$

$$-\frac{19P}{32}$$

$$\frac{3P}{32}$$

$$\frac{\frac{13Pl}{64}}{\frac{l}{2}}=\frac{13P}{32}$$

$$\frac{-\frac{3Pl}{32}-\frac{13Pl}{64}}{\frac{l}{2}}=-\frac{19P}{32}$$

$$\frac{0-\left(-\frac{3Pl}{32}\right)}{l}=\frac{3P}{32}$$

図8 せん断力図

このとき、図2に対応する支点反力は図6のようになる。

曲げモーメント図は、図6の左右それぞれの単純梁に対する曲げモーメント図を重ね合わせることで図7のように求められる。

せん断力図は図8のように求められる。なお、せん断力図は図7の曲げモーメント図の勾配からも求められる（28項）。

一般に難解と思われている不静定構造物の解析だが、このようにほぼ力の釣合いだけから解くことが可能である。

3 不静定力のその他の候補

図2では、B点の曲げモーメント（断面力）を不静定モーメントとして選定したが、その他の候補としては図9(a)、(b)に示す支点反力が考えられる。

この場合、図9(a)ではB点の鉛直変位が0となることが、図9(b)ではC点の鉛直変位が0となることが変位の適合条件となる。

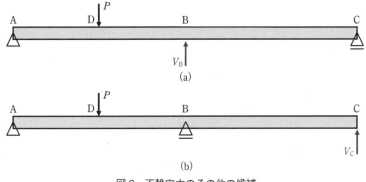

図9 不静定力のその他の候補

32 不静定梁の解法（応力法）②
等分布荷重が作用する場合

■ 計算例：等分布荷重が作用する一端固定・他端ローラー支持の不静定梁

　図1に示すような、一端固定・他端ローラー支持の不静定梁（曲げ剛性 EI）に鉛直下向きの等分布荷重 q が作用する場合を考える。この不静定梁 AB の曲げモーメント図とせん断力図を描き、支点反力を求めよう。

　31 項でも説明した通り、不静定梁の解析（応力法）では、不静定力あるいは不静定モーメントを選定してそれに対する変位（変形）の拘束を取り除き、変位（変形）の適合条件から不静定力あるいは不静定モーメントを求めることになる。ここでは、図2に示す A 点における支点反力モーメントを不静定モーメントとして選定しよう。

　図2の2つの単純梁について、それぞれに等分布荷重 q あるいは端部モーメント荷重 M_A が作用したときの A 点の節点回転角を求めよう。

　これらの節点回転角は、**23**、**24** 項で解説したモールの定理を用いて力の釣合いから求めることができる。以下、その求め方について説明しよう。

　単純梁に等分布荷重が作用した場合と、左端にモーメント荷重 M_A が作用した場合の支点反力および曲げモーメント図は、**08** 項で解説した方法によりそれぞれ図3(a)、(b)のように求められる。

　図3の曲げモーメント図に対応する弾性荷重 q^* は図4(a)、(b)のようになり、それに対する支点反力は図4(c)、(d)のようになる。ここで、端点が頂点となる放物線型の分布荷重に関する合力と作用点位置の求め方については、**24** 項に示した方法を用いている。すなわち、放物

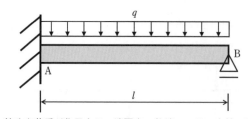

図1　等分布荷重が作用する一端固定・他端ローラー支持の不静定梁

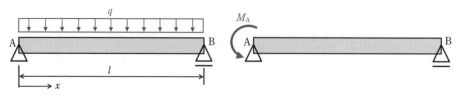

図2　固定端における回転拘束を取り除いた単純梁に対する2つの荷重作用

線分布荷重の合力の値を外接する長方形の面積の $\dfrac{2}{3}$ として計算することで、積分を用いずに求めることができる。

　モールの定理より、それぞれの荷重に対する A 点（固定端）での節点回転角は図 5 のように求められる。

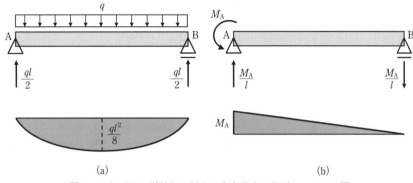

(a)   (b)

図 3　それぞれの単純梁に対する支点反力と曲げモーメント図

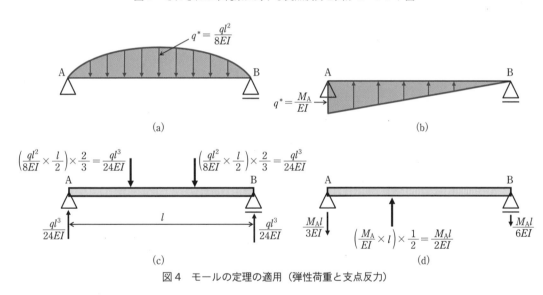

図 4　モールの定理の適用（弾性荷重と支点反力）

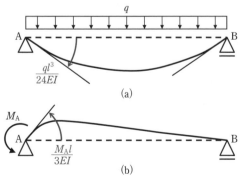

図 5　それぞれの荷重作用に対する A 点のたわみ角

A点におけるたわみ角の適合条件（A点のたわみ角が0となる）より、M_Aが以下のように求められる。

$$\frac{ql^3}{24EI} - \frac{M_A l}{3EI} = 0 \quad \rightarrow \quad M_A = \frac{ql^2}{8}$$

このとき、図2に対応するそれぞれの支点反力は図6のようになり、それぞれを重ね合わせることで最終的な支点反力が求められる。

次に、図6の2つの単純梁それぞれの曲げモーメント図を求め、それらを重ね合わせて最終的な曲げモーメント図を求めると、図7のようになる。

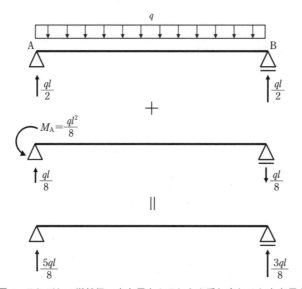

図6　それぞれの単純梁の支点反力とそれらを重ね合わせた支点反力

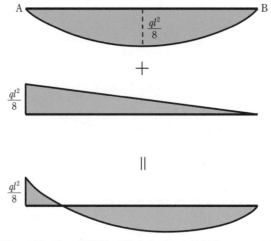

図7　それぞれの単純梁の重ね合わせによる曲げモーメント図

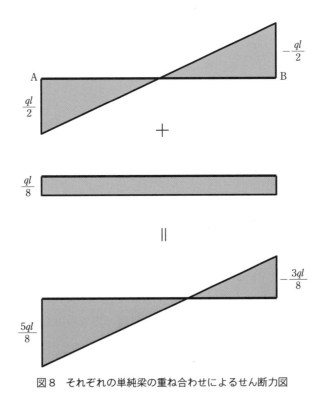

図8　それぞれの単純梁の重ね合わせによるせん断力図

最終的なせん断力図についても、図6の2つの単純梁それぞれのせん断力図を求め、それらを重ね合わせることにより図8のように求められる。なお、**08**、**28**、**31** 項でも触れたように、せん断力図については図7の曲げモーメント図の勾配からも求められる。

2 不静定力のその他の候補

図2では、A点の反力モーメントを不静定モーメントとして選定したが、その他の候補としては図9に示す支点反力が考えられる。

この場合には、B点の鉛直変位が0となることが変位の適合条件となる。

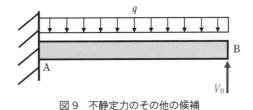

図9　不静定力のその他の候補

33 不静定梁の解法（変位法）①
集中荷重が作用する場合

本項では、変位を未知量とする不静定梁の解法である変位法について説明する。**31**、**32** 項で解説した応力法は不静定構造についてのみ適用可能であったのに対して、変位法は静定・不静定に関係なく適用可能である。

1 単純梁の材端モーメントと材端回転角の関係

図1(a)に示す単純梁において、図1(b)のようにA点にモーメント荷重 M_A が作用した場合と、図1(c)のようにB点にモーメント荷重 M_B が作用した場合を考えよう。梁の端部に作用するモーメント荷重を材端モーメントと呼び、端部に生じる断面（および部材軸）の回転角を材端回転角と呼ぶ。また、部材と部材をつなぐ節点に生じる回転角を節点回転角と呼ぶ。一般に、材端回転角はそれにつながる節点回転角と等しい。

23 項のモールの定理を用いて重ね合わせの原理を適用すると、M_A、M_B が作用したときのA点の節点回転角 θ_A とB点の節点回転角 θ_B は次のように表せる。ここで、θ_A、θ_B に上付きで併記されている(1)、(2)は、M_A、M_B が個別に作用した際のたわみ角を表している。

$$\theta_A = \theta_A^{(1)} + \theta_A^{(2)} = \frac{M_A l}{3EI} - \frac{M_B l}{6EI} \tag{1a}$$

$$\theta_B = \theta_B^{(1)} + \theta_B^{(2)} = -\frac{M_A l}{6EI} + \frac{M_B l}{3EI} \tag{1b}$$

これらより、M_A、M_B は以下のように求められる。

$$M_A = \frac{EI}{l}(4\theta_A + 2\theta_B) \tag{2a}$$

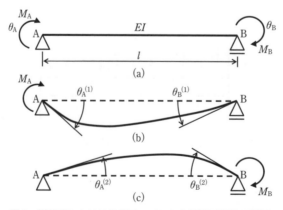

図1　単純梁における材端モーメントと材端回転角の関係

$$M_\mathrm{B} = \frac{EI}{l}(2\theta_\mathrm{A} + 4\theta_\mathrm{B}) \tag{2b}$$

2 計算例：集中荷重が作用する2スパン連続梁

図2に示すような、曲げ剛性 EI の2スパン連続梁（不静定梁）ABC の区間 AB の中央に鉛直下向きの集中荷重 P が作用する場合を考える。この連続梁を、変位法を用いて解いてみよう。(2)式の関係を図3と図4に適用すると、次式が得られる。ここで、M_B に上付きで併記されている(1)、(2)は、B点で梁を分割したときの左右の単純梁の材端（それぞれ右端と左端）に作用するモーメント荷重であることを表している。

$$M_\mathrm{A} = \frac{EI}{l}(4\theta_\mathrm{A} + 2\theta_\mathrm{B}) \tag{3a}$$

$$M_\mathrm{B}^{(1)} = \frac{EI}{l}(2\theta_\mathrm{A} + 4\theta_\mathrm{B}) \tag{3b}$$

$$M_\mathrm{B}^{(2)} = \frac{EI}{l}(4\theta_\mathrm{B} + 2\theta_\mathrm{C}) \tag{4a}$$

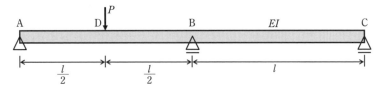

図2　集中荷重が作用する2スパン連続梁

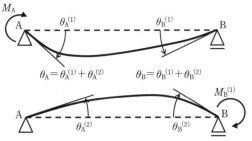

図3　AB 区間の単純梁における材端モーメントと材端回転角の関係

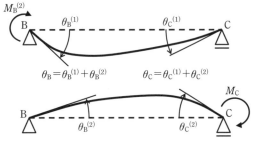

図4　BC 区間の単純梁における材端モーメントと材端回転角の関係

$$M_\text{C} = \frac{EI}{l}(2\theta_\text{B} + 4\theta_\text{C}) \tag{4b}$$

節点 A、B、C に作用するモーメント荷重（節点モーメントという）を m_A、m_B、m_C で表す。図5に示す各自由体で節点 A、B、C におけるモーメントの釣合いを考えると、次式を得る。

$$M_\text{A} = m_\text{A} \tag{5a}$$

$$M_\text{B}^{(1)} + M_\text{B}^{(2)} = m_\text{B} \tag{5b}$$

$$M_\text{C} = m_\text{C} \tag{5c}$$

(3)、(4)式を(5)式に代入すると、構造物全体についての節点モーメントと節点回転角の関係式（系剛性関係式という）が得られる。

$$m_\text{A} = \frac{EI}{l}(4\theta_\text{A} + 2\theta_\text{B}) \tag{6a}$$

$$m_\text{B} = \frac{EI}{l}\{2\theta_\text{A} + (4+4)\,\theta_\text{B} + 2\theta_\text{C}\} \tag{6b}$$

$$m_\text{C} = \frac{EI}{l}(2\theta_\text{B} + 4\theta_\text{C}) \tag{6c}$$

区間 AB に作用する集中荷重は、図6のような等価節点モーメント（部材の中間に作用する荷重が両端固定梁に作用したときの反力モーメントに負号をつけたもので、単純梁の両端に等価な節点回転角を生じさせる）に置換でき、(6a)～(6c)式は次のように書き換えられる。

$$\frac{Pl}{8} = \frac{EI}{l}(4\theta_\text{A} + 2\theta_\text{B}) \tag{7a}$$

$$-\frac{Pl}{8} = \frac{EI}{l}(2\theta_\text{A} + 8\theta_\text{B} + 2\theta_\text{C}) \tag{7b}$$

$$0 = \frac{EI}{l}(2\theta_\text{B} + 4\theta_\text{C}) \tag{7c}$$

(7a)～(7c)式を θ_A、θ_B、θ_C について解くと、次のように求められる。

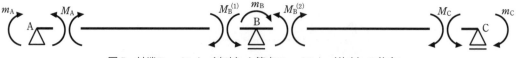

図5　材端モーメント（内力）と節点モーメント（外力）の釣合い

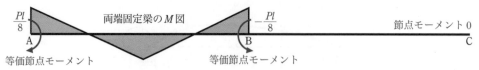

図6　両端固定梁の曲げモーメント図と等価節点モーメント

$$\theta_A = \frac{3Pl^2}{64EI} \tag{8a}$$

$$\theta_B = -\frac{Pl^2}{32EI} \tag{8b}$$

$$\theta_C = \frac{Pl^2}{64EI} \tag{8c}$$

(8a)〜(8c)式を(3a)、(3b)、(4a)、(4b)式に代入すると、等価節点モーメントに対する材端モーメント（材端における曲げモーメントに等しい）が次のように求められる。

$$M_A = \frac{Pl}{8} \tag{9a}$$

$$M_B^{(1)} = -\frac{Pl}{32} \tag{9b}$$

$$M_B^{(2)} = -\frac{3Pl}{32} \tag{9c}$$

$$M_C = 0 \tag{9d}$$

したがって、等価節点モーメントに対する曲げモーメント図は図7のようになる。図6と図7を重ね合わせると、図8に示す最終的な曲げモーメント図が得られる。

せん断力図（曲げモーメント図の勾配でもある）と支点反力（節点付近の自由体の鉛直方向の力の釣合いから求められる）は、図9のように求められる。

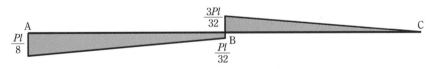

図7　等価節点モーメントに対する曲げモーメント図

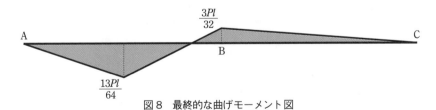

図8　最終的な曲げモーメント図

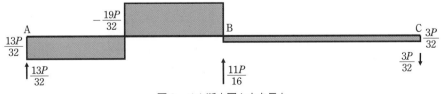

図9　せん断力図と支点反力

34 不静定梁の解法（変位法）②
等分布荷重が作用する場合

本項では、図1のような一端固定・他端ローラー支持の不静定梁（曲げ剛性 EI）に等分布荷重 q が作用する場合について変位法を適用し、曲げモーメント図、せん断力図、支点反力を求めてみよう。

1 計算例：等分布荷重が作用する一端固定・他端ローラー支持の不静定梁

図1のモデルを扱う際に、まずはA点での回転拘束を取り除いた単純梁について考える。単純梁ABの材端に材端モーメント M_A、M_B が作用するとき、材端モーメント M_A、M_B と材端回転角 θ_A、θ_B の関係は 33 項と同様に次式で表される。

$$M_A = \frac{EI}{l}(4\theta_A + 2\theta_B) \tag{1a}$$

$$M_B = \frac{EI}{l}(2\theta_A + 4\theta_B) \tag{1b}$$

一方、中間荷重を扱うために両端固定梁を考える。両端固定梁に等分布荷重 q が作用したときの曲げモーメント図と、33 項で説明した等価節点モーメント（両端固定梁に生じる反力モーメントに負号を付けたもの）は図2のようになる。なお、A点では回転が拘束されているため等価節点モーメントは考えず、B点でのみ考える。

(1a)、(1b)式に変位境界条件 $\theta_A = 0$ とB点における等価節点モーメントの値を代入すると、次式が得られる。

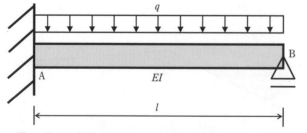

図1 等分布荷重が作用する一端固定・他端ローラー支持の不静定梁

図2 両端固定梁の曲げモーメント図と等価節点モーメント

$$M_B = \frac{EI}{l}(4\theta_B) = -\frac{ql^2}{12} \quad \rightarrow \quad \theta_B = -\frac{ql^3}{48EI} \tag{2}$$

このとき、等価節点モーメントに対する反力モーメント M_A は次のように求められる。

$$M_A = \frac{EI}{l}(2\theta_B) = -\frac{ql^2}{24} \tag{3}$$

したがって、等価節点モーメントによる曲げモーメント図（(2)、(3)式から求められるもの）と両端固定梁の曲げモーメント図である図2を重ね合わせた最終的な曲げモーメント図は、それぞれ図3(a)、(b)のようになる。

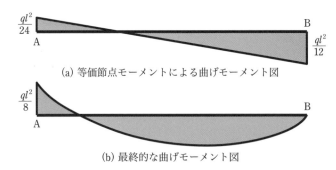

(a) 等価節点モーメントによる曲げモーメント図

(b) 最終的な曲げモーメント図

図3　等価節点モーメントによる曲げモーメント図と最終的な曲げモーメント図

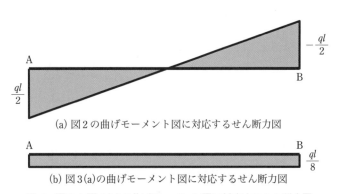

(a) 図2の曲げモーメント図に対応するせん断力図

(b) 図3(a)の曲げモーメント図に対応するせん断力図

図4　図2と図3(a)の曲げモーメント図に対応するせん断力図

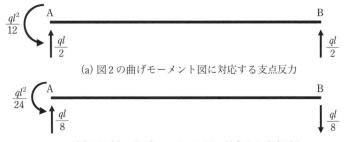

(a) 図2の曲げモーメント図に対応する支点反力

(b) 図3(a)の曲げモーメント図に対応する支点反力

図5　図2と図3(a)の曲げモーメント図に対応する支点反力

図2、3(a)の曲げモーメント図に対応するせん断力図（曲げモーメント分布の勾配からも求められる）と支点反力（節点付近の自由体の力の釣合いから求められる）は、それぞれ図4、5のようになる。

　図4のせん断力図を重ね合わせた最終的なせん断力図と、図5の支点反力を重ね合わせた最終的な支点反力は、それぞれ図6、7のように求められる。

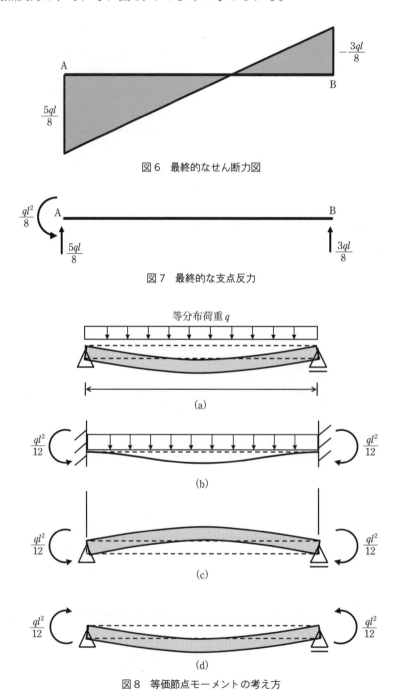

図6　最終的なせん断力図

図7　最終的な支点反力

図8　等価節点モーメントの考え方

❷ 固定端モーメントと等価節点モーメント

　最後に、部材の中間に集中荷重や分布荷重が作用している場合に用いる等価節点モーメントについてまとめて解説する。ここで、図8(a)のような単純梁に等分布荷重qが作用するときの等価節点モーメントを考えてみよう。

　まずは、図8(b)のような両端固定梁を考え、これを応力法で解く。両固定端での反力モーメントを不静定モーメントに選定して、単純梁としての図8(c)の状態を考え（材端モーメントは後から決まる）、図8(a)との変形の重ね合わせと変形の適合条件（両端の材端回転角が0）から不静定モーメントを決定する。したがって、図8(a)の場合と同じ材端回転角を生じさせるのに必要な材端モーメントが等価節点モーメントとなり、図8(d)に示したものとなる。

　以下に、集中荷重Pもしくは集中モーメント荷重mが作用する両端固定梁（図9）における固定端モーメント（ **41** 項で後述）の値を示す。この固定端モーメントは両端固定梁の固定端での反力モーメントとして求められ、 **33** 項で説明した等価節点モーメントを求める際に用いることができる。また、鉛直反力は、梁に対するモーメントの釣合いから求めることができる。

〈集中荷重〉

$$C_{ij} = -\frac{Px(l-x)^2}{l^2}、\quad C_{ji} = \frac{Px^2(l-x)}{l^2} \tag{4a}、(4b)$$

〈集中モーメント荷重〉

$$C_{ij} = -\frac{m}{l^2}(l-x)(l-3x),\quad C_{ji} = \frac{m}{l^2}(2l-3x)x \tag{5a}、(5b)$$

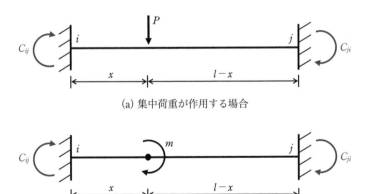

(a) 集中荷重が作用する場合

(b) 集中モーメント荷重が作用する場合

図9　中間に集中荷重もしくは集中モーメント荷重が作用する両端固定梁の固定端モーメント

35 梁の塑性極限解析①
単純梁、1次不静定梁

　これまでに解説してきた構造物では、すべてフックの法則に従う弾性材料を対象としている。材料には降伏応力と呼ばれるフックの法則が成立する限界（弾性限界という）が存在する。鋼材については、図1に示すような明確な降伏応力 σ_y が存在することが知られている（鋼材の降伏応力等の定数については **20** 項参照）。本項では、このような材料から構成される梁について、作用する荷重が大きくなった際に定義される塑性崩壊荷重（それ以上の荷重に耐えられない限界の荷重）とその導出の方法について説明する。

1 計算例①：中央に集中荷重が作用する単純梁

　図2のような単純梁の中央に鉛直下向きの集中荷重 P が作用する場合を考える。梁は図1に示す応力－ひずみ関係の鋼材で構成されている。荷重 P を大きくすると、曲げモーメントが最大となる梁の中央で断面の上下縁の応力が降伏応力に達し（このときの曲げモーメントを降伏モーメントと呼び、M_y で表す）、さらに大きくすると降伏応力を超える領域が上下縁から断面内部へ、また中央から両端方向へと拡がる(図3)。最終的には図3に示すように、中央断面の垂直応力分布がすべて引張か圧縮の降伏応力で埋め尽くされる状態となる。このような断面の応力状態に対応する曲げモーメントの値を全塑性モーメントと呼び、M_P で表す。この断面においては、これよりも大きな曲げモーメントを負担することができない。長方形断面（幅 b、せい h）の全塑性モーメントは、$M_P = \dfrac{1}{2} bh\sigma_y \times \dfrac{1}{2} h = \dfrac{1}{4} bh^2\sigma_y$ となる（図2）。

　このような全塑性モーメントに達した状態を表すために、図4に示すような塑性ヒンジを用いる。塑性ヒンジ以外の断面でも一部で降伏応力に達しており、さらに梁には変形（たわみ）も生じているが、塑性崩壊荷重を求めるための塑性極限解析においては、曲げモーメントが全塑性モーメントに達している塑性ヒンジ以外の部分は剛体として扱う。図4のように、塑性ヒンジにおける回転角速度（2本の剛体棒の相対的な回転角速度）を $2\dot\theta$ のように表す。

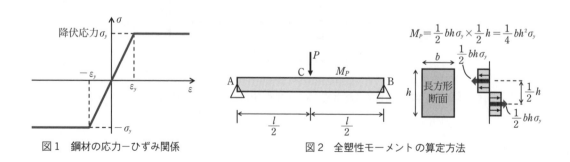

図1　鋼材の応力－ひずみ関係　　　　図2　全塑性モーメントの算定方法

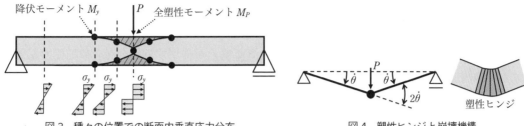

図3　種々の位置での断面内垂直応力分布

図4　塑性ヒンジと崩壊機構

塑性ヒンジ

仕事速度式：外力仕事速度＝内力仕事速度

$$P \times \frac{l}{2}\dot{\theta} \quad = \quad M_P \times 2\dot{\theta}$$

塑性ヒンジ

図5　塑性ヒンジにおける内力仕事速度と仕事速度式

このとき、2本の剛体棒の回転角速度は、それぞれ $\dot{\theta}$、$-\dot{\theta}$ である。

　次に、図4の状態に対応する塑性崩壊荷重を求める方法について説明する。その方法には大きく分けて2通りあり、1つは塑性ヒンジが生じている断面の曲げモーメントを求め、それを全塑性モーメント M_P と等置する方法である。図4の場合であれば、中央断面における曲げモーメントは $\frac{Pl}{4}$ であるため、M_P と等置して塑性崩壊荷重 P_{cr} が次のように求められる。

$$\frac{Pl}{4} = M_P \quad \rightarrow \quad P_{cr} = \frac{4M_P}{l} \quad （塑性崩壊荷重を極限荷重 \underline{critical load} ともいう）\tag{1}$$

　もう1つの方法は、図4の崩壊機構について仕事速度式を立て、それから求める方法である。すなわち、外力仕事速度（外力と変位速度の積の総和）$P \times \frac{l}{2}\dot{\theta}$ と内力仕事速度（全塑性モーメントと塑性ヒンジ回転角速度の積の総和）$M_P \times (2\dot{\theta})$ を等置して、$P_{cr} = \frac{4M_P}{l}$ と求められる。これは(1)式と一致する。図5に内力仕事速度の説明を示す。「力 × 変位」は仕事を表し、変位の代わりに変位速度を用いると仕事速度になる。

❷ 計算例②：中央に集中荷重が作用する一端固定・他端ローラー支持の不静定梁

　次に、塑性ヒンジが複数生成された後に塑性崩壊に至る例を考えてみよう。図6(a)に示すような曲げ剛性 EI、全塑性モーメント M_P の不静定梁を扱う。この梁の中央に鉛直荷重 P が作用し、漸増するものとする。このとき、曲げモーメントの値が極大・極小をとるA、C点が塑性ヒンジ形成候補箇所となる（図6(b)）。荷重が増加したとき、最初に全塑性モーメントに達する位置に塑性ヒンジが生じ、さらに荷重が増加して第二の塑性ヒンジが生じた時点で塑性崩壊を生じる。そのときの塑性崩壊荷重を求めよう。

　準備として、まず部材を弾性とする弾性解析を行う。図6の梁は1次不静定（反力の数が

4個で釣合い式が3個）であるため、**31**、**32** 項で説明した応力法において不静定力を1つ選定すればよい。ここでは、A点における反力モーメント M_A を不静定モーメントとして選定する。したがって、図7のような、単純梁の中央に鉛直荷重 P が作用する場合と、単純梁の左端に M_A が作用する場合を考え、それぞれのA点での節点回転角（材端回転角でもある）を求める。これらの節点回転角は、モールの定理により図7の最下図のように求めることができる。この結果をもとに、変形の適合条件（A点のたわみ角が0）より次式が得られる。

$$\frac{Pl^2}{16EI} - \frac{M_A l}{3EI} = 0 \quad \rightarrow \quad \frac{M_A l}{3EI} = \frac{Pl^2}{16EI} \quad \rightarrow \quad M_A = \frac{3Pl}{16} \tag{2}$$

B点の支点反力 R_B はA点まわりのモーメントの釣合いより次のように求められる。

$$P \times \frac{l}{2} - \frac{3}{16}Pl - R_B \times l = 0 \quad \rightarrow \quad R_B = \frac{5P}{16} \tag{3}$$

また、C点の曲げモーメントはB点の支点反力 R_B より次のように得られる。

$$M_C = R_B \times \frac{l}{2} = \frac{5Pl}{32} \tag{4}$$

ここで M_A と M_C の大きさを比較すると $M_A > M_C$ であり、荷重 P を漸増させると、図8(a)

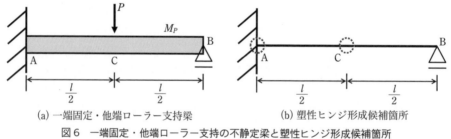

(a) 一端固定・他端ローラー支持梁　　　(b) 塑性ヒンジ形成候補箇所

図6　一端固定・他端ローラー支持の不静定梁と塑性ヒンジ形成候補箇所

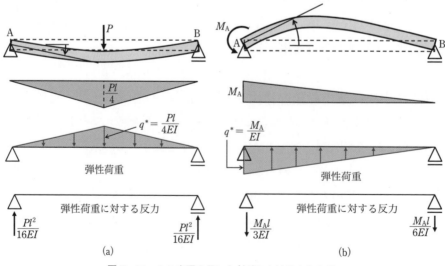

図7　モールの定理を用いた材端におけるたわみ角

のように最初に M_A が全塑性モーメント M_P に達する。このときの荷重の値は、A 点の曲げモーメント M_A が M_P に達しているという条件より、

$$\frac{3P^{(1)}l}{16}=M_P \quad \rightarrow \quad P^{(1)}=\frac{16M_P}{3l} \tag{5}$$

として求められる。ここで、上付きの(1)は塑性ヒンジの発生順に対応している。

　これ以降は、単純梁の左端に一定の材端モーメント M_P が反時計回りに作用している状態で荷重 P が漸増させられるモデルを扱うことと等価である。P を漸増させると、図8(b)に示すように次にC点が全塑性モーメント M_P に達し、塑性崩壊が生じる。このときのB点の支点反力は、C 点（少し右側）回りの右半分の自由体のモーメントの釣合いから $R_B=\frac{2M_P}{l}$ と求められ、梁全体のモーメントの釣合いより、塑性崩壊に達したときの荷重は次式となる。

$$P^{(2)}=\frac{6M_P}{l} \tag{6}$$

　一方、前述した仕事速度式を記述する方法によると、図8(c)を参考にして外力仕事速度 $P\times\frac{l}{2}\dot{\theta}$ と内力仕事速度 $M_P\times\dot{\theta}+M_P\times(2\dot{\theta})$ を等置することにより $P^{(2)}=\frac{6M_P}{l}$ と求められ、(6)式と一致する。したがって、

　　外力仕事速度の総和＝内力仕事速度の総和 　　　　　　　　　　　　　　(7)

からも塑性崩壊荷重が求められる。弾性の不静定構造では、31 〜 34 項のような解析により曲げモーメント分布を求める必要があるのに対して、塑性崩壊荷重の解析では、塑性ヒンジの生成位置を仮定する必要はあるが、複雑な解析は必要ない。

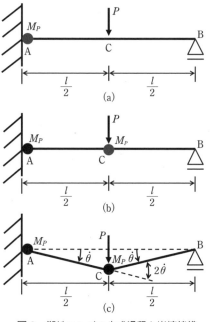

図8　塑性ヒンジの生成過程と崩壊機構

36 梁の塑性極限解析②
高次不静定梁

35項では、1個もしくは2個の塑性ヒンジが生成されて塑性崩壊が生じるような梁の塑性極限解析について説明した。本項では、もう少し複雑な高次不静定梁の解析について解説を行う。

1 塑性極限解析の3つの条件

塑性極限解析では、3つの条件を満足するときに正しい崩壊荷重が得られることが知られている。その3つの条件は、①釣合い条件、②機構条件、③降伏条件である。①の釣合い条件は、外力と曲げモーメント分布が釣合い式を満たすこと、②の機構条件は、仮定した機構（塑性ヒンジの発生位置を仮定したモデル）が崩壊機構（メカニズム）を形成していること、③の降伏条件は、すべての領域において曲げモーメントが全塑性モーメントに負号をつけた値（$-M_P$）と全塑性モーメント M_P の間に存在することである。

2 計算例①：2つの集中荷重が作用する両端固定梁

第一の例として、図1(a)のような両端固定梁に2つの大きさの異なる鉛直集中荷重が作用する場合を考える。全塑性モーメントは M_P である。図1(b)に塑性ヒンジ形成候補箇所を示す。このモデルでは、図2に示す2つの崩壊機構が考えられる。

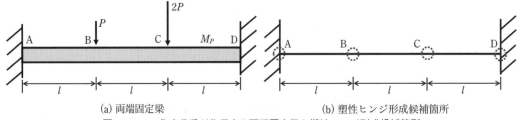

(a) 両端固定梁　　　　　　　　　(b) 塑性ヒンジ形成候補箇所

図1　2つの集中荷重が作用する両端固定梁と塑性ヒンジ形成候補箇所

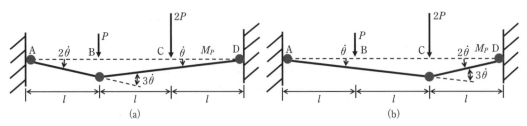

(a)　　　　　　　　　　　　　　(b)

図2　2つの崩壊機構

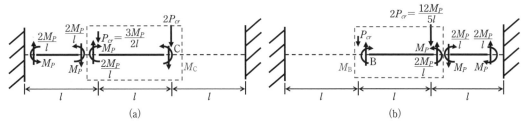

図3 降伏条件の確認のための自由体

図2(a)について、仕事速度式（外力仕事速度＝内力仕事速度）を記述すると次式を得る。

$$P \times l(2\dot{\theta}) + 2P \times l\dot{\theta} = M_P(2\dot{\theta} + 3\dot{\theta} + \dot{\theta}) \tag{1}$$

これより、塑性崩壊荷重 P_{cr} の候補値が次のように得られる。

$$P_{cr} = \frac{3M_P}{2l} \tag{2}$$

一方、図2(b)について、仕事速度式を書くと次式を得る。

$$P \times l\dot{\theta} + 2P \times l(2\dot{\theta}) = M_P(\dot{\theta} + 3\dot{\theta} + 2\dot{\theta}) \tag{3}$$

これより、塑性崩壊荷重 P_{cr} の候補値が次のように得られる。

$$P_{cr} = \frac{6M_P}{5l} \tag{4}$$

(2)式と(4)式を比較すると、(4)式の値の方が小さな塑性崩壊荷重となっている。そこで、図2(a)、(b)のそれぞれの崩壊機構について曲げモーメント図を求め、降伏条件を満たすかどうかを検討する。

塑性崩壊荷重の候補値を代入して、図2(a)のC点の曲げモーメント M_C を釣合い条件から求めると $\frac{3}{2}M_P$ で（図3(a)の赤点線の自由体のC点に関するモーメントの釣合いから）、全塑性モーメントを超過している。一方、図2(b)のB点の曲げモーメント M_B を釣合い条件から求めると $\frac{3}{5}M_P$ で（図3(b)の赤点線の自由体のB点に関するモーメントの釣合いから）、全塑性モーメント以下となり降伏条件を満足する。したがって、図2(b)が正しい崩壊機構となり、それに対応する(4)式が正しい塑性崩壊荷重となる。

3 計算例②：2つの集中荷重が作用する一端固定・2点ローラー支持の連続梁

次に図4(a)に示すような、一端固定・2点ローラー支持の連続梁を考え、2つの大きさの異なる鉛直集中荷重を受ける場合について見てみよう。全塑性モーメントは M_P である。図4(b)に塑性ヒンジ形成候補箇所を示す。このモデルでは、以下の3つの崩壊機構が考えられる。

図5(a)の崩壊機構（AC区間に作用する荷重は負の仕事をすることになる）について仕事速度式を書くと、次のようになる。

$$2P \times \frac{l}{2}\dot{\theta} - P \times \frac{l}{2}\dot{\theta} = M_P(\dot{\theta} + 2\dot{\theta} + 2\dot{\theta}) \tag{5}$$

したがって、塑性崩壊荷重 P_{cr} の候補値が次のように得られる。

$$P_{cr} = \frac{10M_P}{l} \tag{6}$$

次に、図5(b)の崩壊機構について仕事速度式を書くと、次のようになる。

$$P \times \frac{l}{2}\dot{\theta} = M_P(\dot{\theta} + 2\dot{\theta} + \dot{\theta}) \tag{7}$$

したがって、塑性崩壊荷重 P_{cr} の候補値が次のように得られる。

$$P_{cr} = \frac{8M_P}{l} \tag{8}$$

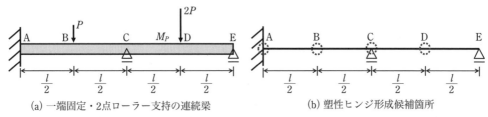

(a) 一端固定・2点ローラー支持の連続梁　　　　　(b) 塑性ヒンジ形成候補箇所

図4　2つの集中荷重が作用する一端固定・2点ローラー支持の連続梁と塑性ヒンジ形成候補箇所

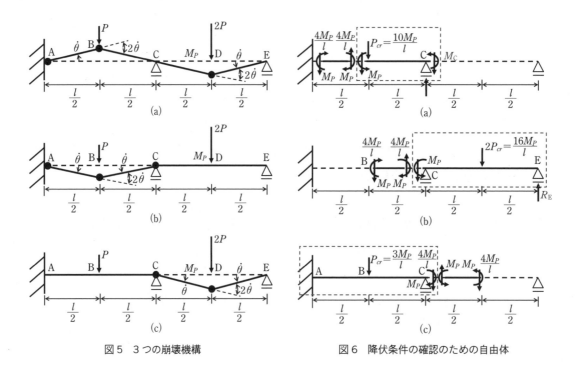

図5　3つの崩壊機構　　　　　　図6　降伏条件の確認のための自由体

146

さらに、図5(c)の崩壊機構について仕事速度式を書くと、次のようになる。

$$2P \times \frac{l}{2}\dot{\theta} = M_P(\dot{\theta} + 2\dot{\theta}) \tag{9}$$

したがって、塑性崩壊荷重 P_{cr} の候補値が次のように得られる。

$$P_{cr} = \frac{3M_P}{l} \tag{10}$$

上の3つの崩壊機構の中で、図5(c)に対する塑性崩壊荷重が最小となる。

前述の通り、塑性崩壊荷重を求める際には、次の3条件を満たす必要がある。

①釣合い条件

②機構条件

③降伏条件

図5の3つの崩壊機構について、それぞれの塑性崩壊荷重（候補）に対する曲げモーメント分布を求め、降伏条件を満たすかどうかを検討してみよう。

図5(a)については、C点における曲げモーメントの値は、それよりも左の自由体のC点におけるモーメントの釣合いから $-8M_P$ となり（図6(a)の赤点線の自由体のC点に関するモーメントの釣合いから）、降伏条件を満たさない（絶対値が全塑性モーメントを上回る）。次に、図5(b)については、E点における支点反力の値は全体のC点におけるモーメントの釣合いから $\frac{7M_P}{l}$ となり（図6(b)の赤点線の自由体のC点に関するモーメントの釣合いから）、これよりD点における曲げモーメントの値は $\frac{7}{2}M_P$ となって降伏条件を満たさない（全塑性モーメントを上回る）。最後に、図5(c)については、AC部分の曲げモーメントを不静定梁（C点のすぐ右側に作用する曲げモーメントとせん断力はCD部分の曲げモーメント分布により既知）の解析により求めることにより（図6(c)の赤点線の自由体としての不静定梁の解析から）、$M_A = -\frac{M_P}{16}$、$M_C = \frac{7M_P}{32}$ となって降伏条件を満たす（絶対値が全塑性モーメント以下となる）。したがって、図5(c)の崩壊機構が正しい崩壊機構となり、(10)式が正しい塑性崩壊荷重となる。

上記の3条件に関して、図4のモデルを例に少し考察を追加する。上述のように、機構条件は、幾何学的な機構の確認により直接確認することが可能である。このモデルでは、図5のように塑性ヒンジの数が2個または3個で崩壊機構となる。また、降伏条件は、釣合い条件を考慮しつつ検討することとなる。一方、仕事速度式を記述するだけでは、釣合い式に対応する速度場（図5の塑性ヒンジ回転角速度と塑性ヒンジが形成されていない断面での速度場（そこでは0となっている）の両方について）に任意性を与えていないため、すべての釣合い条件を検討することにはなっていないことに留意する必要がある。

37 ラーメンの塑性極限解析①
2部材ラーメン

35、36 項では、梁に対する塑性極限解析について解説した。本項では、梁と柱の2部材で構成されるラーメンに対する塑性極限解析について説明する。

ラーメンの塑性極限解析は20世紀中頃から欧米において精力的に研究され始め、その成果は日本においては1981年に改正・施行された建築基準法のいわゆる「新耐震設計法」で有効利用されるに至った。それまでの超高層建物以外の中高層建物では許容応力度設計法が用いられ、部材を塑性域まで考慮して設計することはなかった。1981年以降、大振幅の地震動に対しては倒壊防止を主要な設計目標の1つとすることとなった。この観点からも、ラーメンの塑性極限解析は重要な役割を果たす。

1 計算例：柱脚固定の肘型ラーメン

図1(a)のような柱脚固定の肘型ラーメンに、水平荷重 P kN と鉛直荷重 P kN が同時に作用するモデルを考える。それぞれの荷重が一定の比率（ここでは1:1）で変化するこのような載荷を比例載荷と呼ぶ。柱と梁の全塑性モーメントの値は、それぞれ4kNm、6kNm とする。このとき、曲げモーメントの値が極大・極小をとる柱脚、柱頭、梁中央の点が塑性ヒンジ形成候補箇所となる（図1(b)）。荷重 P が増加する場合を考えると、ラーメンの中で曲げモーメントの絶対値が最大となる点が次々と全塑性モーメントに達し、崩壊機構を形成した時点で塑性崩壊が生じる。このモデルに対する崩壊機構としては、層機構（層として崩壊、図2(a)）、梁機構（梁で崩壊、図2(b)）、複合機構（層と梁が同時に崩壊、図2(c)）の3つが考えられる。

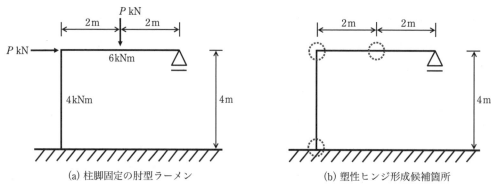

(a) 柱脚固定の肘型ラーメン　　(b) 塑性ヒンジ形成候補箇所

図1　柱脚固定の肘型ラーメンと塑性ヒンジ形成候補箇所

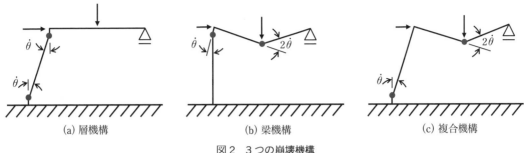

| (a) 層機構 | (b) 梁機構 | (c) 複合機構 |

図2　3つの崩壊機構

　次に、それぞれの崩壊機構について見てみよう。 35 、 36 項と同様に、仮定した崩壊機構に対して仕事速度式（外力仕事速度＝内力仕事速度）を記述することにより、塑性崩壊荷重の候補値を得ることができる。その中で最小の塑性崩壊荷重を与えるものが真の解となる（本項の最後で説明する上界定理を参照）。また、求められた解については降伏条件を満足することを確認する必要がある。

　まず、図2(a)の崩壊機構（層機構）に対する仕事速度式より次式が得られる。

$$P \times 4\dot{\theta} = 4 \times (\dot{\theta} + \dot{\theta}) \tag{1}$$

したがって、塑性崩壊荷重 P_{cr} の候補値は次のように求められる。

$$P_{cr} = 2.0\text{kN} \tag{2}$$

次に、図2(b)の崩壊機構（梁機構）に対する仕事速度式より次式が得られる。

$$P \times 2\dot{\theta} = 4 \times \dot{\theta} + 6 \times 2\dot{\theta} \tag{3}$$

したがって、塑性崩壊荷重 P_{cr} の候補値は次のように求められる。

$$P_{cr} = 8.0\text{kN} \tag{4}$$

最後に、図2(c)の崩壊機構（複合機構）に対する仕事速度式より次式が得られる。

$$P \times 4\dot{\theta} + P \times 2\dot{\theta} = 4 \times \dot{\theta} + 6 \times 2\dot{\theta} \tag{5}$$

したがって、塑性崩壊荷重 P_{cr} の候補値は次のように求められる。

$$P_{cr} = 2.667\text{kN} \tag{6}$$

図2(a)、(b)、(c)の崩壊機構の中で最小の塑性崩壊荷重の候補値は、図2(a)の崩壊機構の場合である。

　次に降伏条件について見てみよう。図2(a)の崩壊機構については、求められた塑性崩壊荷重の候補値を用いて梁中央での曲げモーメントを求めると $\dfrac{4\text{kNm}}{2} + 2\text{kN} \times \dfrac{4\text{m}}{4} = 4.0\text{kNm}$ となり（梁の左端の曲げモーメントは柱頭の塑性ヒンジから求められ 4kNm となり、梁中央ではその半分で、それと単純梁としての中央曲げモーメントを加える）、これは全塑性モーメントの値 6.0kNm 以下で降伏条件を満たす（図3(a)）。したがって、図2(a)の崩壊機構が正しい崩壊機構となり、(2)式が正しい塑性崩壊荷重となる。

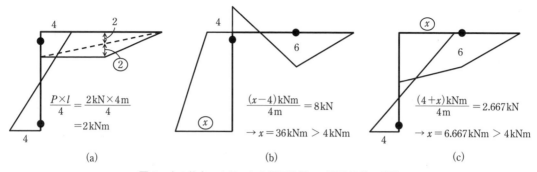

図3　力の釣合いを用いた各断面位置での降伏条件の検討

　図2(b)の崩壊機構については、求められた塑性崩壊荷重の候補値を用いて柱脚の曲げモーメント（左側縁が引張）は36kNmとなり、これは柱の全塑性モーメント4kNmを超過し、降伏条件を満たさない（図3(b)）。したがって、図2(b)の崩壊機構は正解の崩壊機構ではない。

　図2(c)の崩壊機構については、求められた崩壊荷重の候補値を用いて柱上端（右側縁が引張）の曲げモーメントを求めると6.667kNmとなり、全塑性モーメント4.0kNmを超過し、降伏条件を満たさない（図3(c)）。したがって、図2(c)の崩壊機構も正解の崩壊機構ではない。

2 構造設計における塑性極限解析の役割

　梁やラーメンの塑性極限解析（Plastic Limit Analysis）は、前述のように20世紀中頃から欧米を中心に精力的に研究が行われた。この時代に塑性極限解析の研究が精力的に実行され始めた背景としては、20世紀中頃から世界中で高層建物が建設され始め、塑性崩壊の限界に対する安全性を簡単な解析法を用いて求めたいという要請があったことや、塑性学に関する数学的手法に基づく基礎研究が精力的に行われ進展したことなどが挙げられる。また、コンピュータの計算能力は20世紀後半に大幅な進化を見せたが、それでも比較的簡単に塑性崩壊に対する安全性の検討を行うことのできる道具が必要とされたこと、さらには、塑性崩壊などの限界状態の把握が構造設計を行う上で極めて貴重な情報を提供することなどが考えられる。

　日本においては、1981年に改正された建築基準法の一部である「新耐震設計法」において保有水平耐力を計算することが要請されるようになった。保有水平耐力とは、地震や風に起因して生じる水平荷重に対して、ラーメン等の建築構造物が倒壊に至らない状態で支えることのできる各層の最大のせん断力を表している。この保有水平耐力を求める最も簡易的な方法は、崩壊機構を仮定してそれから塑性崩壊荷重を求め、それに基づき層としての保有水平耐力を求めることである。この方法を機構法と呼ぶことがある。より詳細な方法として、仮

定した水平力を徐々に増加させ、ラーメンの弾塑性挙動をモデル化した上で増分解析という解析を実行して、構造種別ごとに決められた限界変形レベルに対応する限界の耐力を求めることも実行されているが、最終的にどのような崩壊機構で建物を設計したいかという構造設計者の意図を簡易的な方法で反映させやすいという点では、ここで解説した塑性極限解析に基づく方法が優れているといえる。現在でも、超高層建物に分類されないような 60 m 未満の建物では、「新耐震設計法」が多く用いられており、塑性崩壊荷重を求める過程は構造設計において重要な役割を果たしている。

3 塑性極限解析の 3 条件と下界・上界定理

前項でも述べたが、塑性崩壊荷重を求める際には、次の 3 条件を満たす必要がある。

　　①釣合い条件

　　②機構条件

　　③降伏条件

①の釣合い条件は、外力と曲げモーメント分布が釣合い式を満たすこと、②の機構条件は、仮定した機構（塑性ヒンジの発生位置を示したもの）が崩壊機構を形成していること、③の降伏条件は、曲げモーメントがすべての領域で全塑性モーメントに負号を付けた値と全塑性モーメントの間に存在することである。

塑性極限解析の分野では、下界定理と上界定理という 2 つの定理が存在する。「上記の 3 条件の中で、①と③を満足するような曲げモーメント分布と対応する塑性崩壊荷重を求めると、それは正解の塑性崩壊荷重と一致するかそれよりも小さいかのいずれかである」という特性は下界定理を表している。一方、「上記の 3 条件の中で、①と②を満足するような曲げモーメント分布と対応する塑性崩壊荷重を求めると、それは正解の塑性崩壊荷重と一致するかそれよりも大きいかのいずれかである」という特性は上界定理を表している。また、上記 3 条件をすべて満たす解は唯一に決まるという唯一性の定理も存在する。

35 ～ **37** 項では、崩壊機構をいくつか仮定して仕事速度式を記述し、候補となる塑性崩壊荷重を求め、その中で最小の塑性崩壊荷重を真の塑性崩壊荷重として導いた。これは、崩壊機構の仮定と仕事速度式の記述が比較的実行しやすいことに起因している。

構造力学Ⅲ：力学の展開（不静定構造）

38 ラーメンの塑性極限解析②
1層・2層ラーメン

37項では、梁と柱の２部材からなる単純なラーメンに対する塑性極限解析について解説した。本項では、少し複雑なラーメンに対する塑性極限解析について説明する。

1 計算例①：１層１スパンのラーメン

図１(a)のような１層１スパンの骨組に水平荷重PkN と鉛直荷重$2P$kN が作用するモデルを考える。柱と梁の全塑性モーメントの値は図中に示してある。このとき、曲げモーメントの値が極大・極小をとる左右の柱の柱頭、柱脚、梁中央の点が塑性ヒンジ形成候補箇所となる。荷重を与えるパラメーターであるPが増加する場合を考えると、ある時点で塑性崩壊が生じる。このモデルに対する崩壊機構としては、図１(b)、(c)、(d)の３つが考えられる。

図１(b)の崩壊機構（層機構）に対する仕事速度式は、次のように記述できる。

$$P \times 4 \times \dot{\theta} = 2 \times 4 \times \dot{\theta} + 2 \times 3 \times \dot{\theta} \tag{1}$$

したがって、塑性崩壊荷重P_{cr}の候補値が次のように求められる。

$$P_{cr} = 3.500\text{kN} \tag{2}$$

次に、図１(c)の崩壊機構（梁機構）に対する仕事速度式は、次のように記述できる。

$$2P \times 4 \times \dot{\theta} = 4 \times \dot{\theta} + 8 \times 2\dot{\theta} + 3 \times \dot{\theta} \tag{3}$$

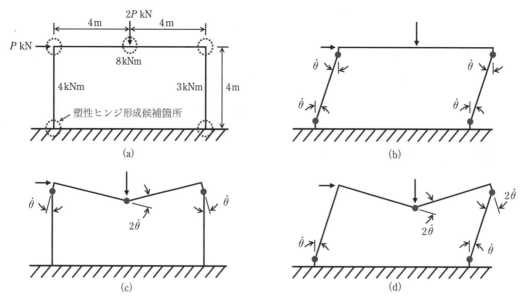

図１　１層１スパンのラーメンとその崩壊機構

したがって、塑性崩壊荷重 P_{cr} の候補値が次のように求められる。

$$P_{cr} = 2.875 \text{kN} \tag{4}$$

最後に、図1(d)の崩壊機構（複合機構）に対する仕事速度式は、次のように記述できる。

$$P \times 4 \times \dot{\theta} + 2P \times 4 \times \dot{\theta} = 4 \times \dot{\theta} + 8 \times 2\dot{\theta} + 3 \times 2\dot{\theta} + 3 \times \dot{\theta} \tag{5}$$

したがって、塑性崩壊荷重 P_{cr} の候補値が次のように求められる。

$$P_{cr} = 2.417 \text{kN} \tag{6}$$

図1(b)、(c)、(d)の崩壊機構の中で最小の塑性崩壊荷重の候補値は、図1(d)の崩壊機構に対するものである。最小の塑性崩壊荷重の候補値に注目する理由については、**37** 項で説明した上界定理を参照していただきたい。

前述の通り、塑性崩壊荷重を求める際には、次の3条件をすべて満たす必要がある。

①釣合い条件

②機構条件

③降伏条件

①、②については、仕事速度式を用いて崩壊荷重を求めていることによりほぼ自動的に満たされている（すべての釣合い式が確認されているわけではないため、塑性ヒンジ以外の部分については、**34** 項までに説明したフックの法則に従う材料に対する弾性解析等で補足する必要がある）。したがって、主として③の降伏条件の検討をすればよい。

まず、図1(b)の崩壊機構については、求められた崩壊荷重の候補値を用いて梁中央での曲げモーメントを求めると14.5kNmとなり（図2(a)）、これは全塑性モーメント8.0kNmを超

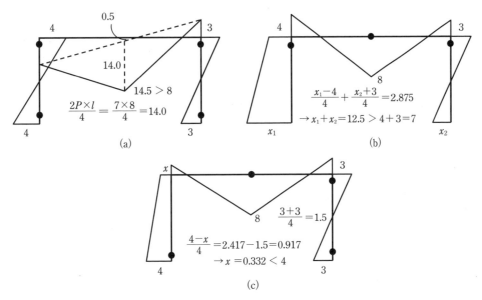

図2　力の釣合いを用いた各位置での降伏条件の検討

過し、降伏条件を満たさない。

次に、図1(c)の崩壊機構については、求められた崩壊荷重の候補値を用いて左右柱の柱脚の曲げモーメントの和（それぞれ左側縁が引張）は12.5kNmとなり（図2(b)）、これは左右柱の全塑性モーメントの和7.0kNmを超過し、降伏条件を満たさない。

最後に、図1(d)の崩壊機構については、求められた崩壊荷重の候補値を用いて左柱上端（左側縁が引張）の曲げモーメントを求めると0.332kNmとなり（図2(c)）、全塑性モーメント4.0kNm以下で降伏条件を満たす。したがって、図1(d)の崩壊機構が正しい機構となり、(6)式が正解の塑性崩壊荷重となる。

2 計算例②：2層1スパンのラーメン

次に、図3(a)に示す2層1スパンのラーメンにおいて、梁中央に一定の集中荷重が作用し、床面に比例載荷の水平荷重が作用する場合を考えよう（Pが漸増させられる）。塑性ヒンジ形成候補箇所を図3(b)に示す。

このモデルに対する崩壊機構としては、図4の3つが代表的なものとして考えられる。それぞれの機構について、仕事速度式（外力仕事速度＝内力仕事速度）を記述すると、塑性崩壊荷重の候補値が図4に記載したものとして求められる。候補値のうち、より大きな塑性崩壊荷重である図4(c)の値は、37項で述べた上界定理から、少なくとも正解の塑性崩壊荷重ではないことがわかる。図4(a)、(b)については、すべての部材について降伏条件を満たすかどうかの検討を行う必要がある。

3 軸力－曲げモーメント相関降伏条件

ラーメンが高層化すると柱には大きな軸力が作用する。そのような場合には、柱断面内の中立軸（垂直応力が0となる点を通る軸）が図心から端部の方へ移動することとなり、塑性ヒンジが負担できる曲げモーメントの値が小さくなる。このような効果は鉄骨構造、鉄筋コンクリート構造などで顕著に見られる。この関係は、一般に軸力－曲げモーメント相関降伏関係と呼ばれており、軸力と曲げモーメントを2軸とするグラフで限界線が決められる（図5(a)、(b)）。この相関関係を用いると、作用する軸力に応じて塑性ヒンジでの限界曲げモーメントを求めることができる。なお、軸力が0の場合には通常の全塑性モーメントとなる。鉄筋コンクリート構造では、コンクリートが引張力をほとんど負担しないことに起因して、ある程度の圧縮軸力が存在した場合の方が限界曲げモーメントが大きくなる（図5(b)）。

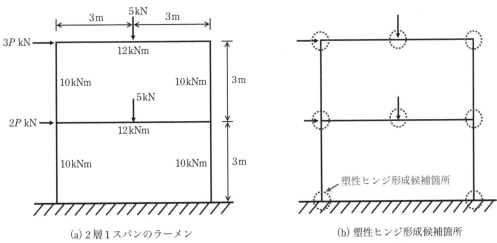

(a) 2層1スパンのラーメン　　　　　　　　(b) 塑性ヒンジ形成候補箇所

図3　一定の鉛直荷重と比例載荷の水平荷重が作用する2層1スパンのラーメンと塑性ヒンジ形成候補箇所

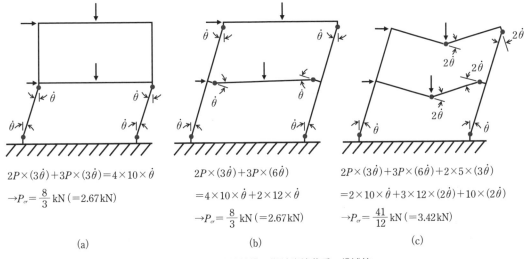

$2P \times (3\dot{\theta}) + 3P \times (3\dot{\theta}) = 4 \times 10 \times \dot{\theta}$

$\rightarrow P_\sigma = \dfrac{8}{3}\,\text{kN}\ (=2.67\,\text{kN})$

(a)

$2P \times (3\dot{\theta}) + 3P \times (6\dot{\theta})$

$= 4 \times 10 \times \dot{\theta} + 2 \times 12 \times \dot{\theta}$

$\rightarrow P_\sigma = \dfrac{8}{3}\,\text{kN}\ (=2.67\,\text{kN})$

(b)

$2P \times (3\dot{\theta}) + 3P \times (6\dot{\theta}) + 2 \times 5 \times (3\dot{\theta})$

$= 2 \times 10 \times \dot{\theta} + 3 \times 12 \times (2\dot{\theta}) + 10 \times (2\dot{\theta})$

$\rightarrow P_\sigma = \dfrac{41}{12}\,\text{kN}\ (=3.42\,\text{kN})$

(c)

図4　3つの崩壊機構と塑性崩壊荷重の候補値

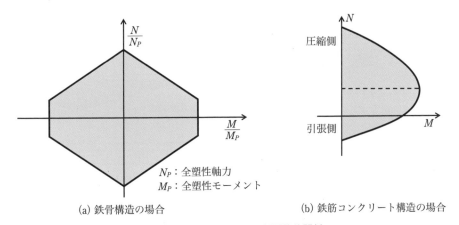

N_P：全塑性軸力
M_P：全塑性モーメント

(a) 鉄骨構造の場合　　　　　　　　(b) 鉄筋コンクリート構造の場合

図5　軸力－曲げモーメント相関降伏関係

39 梁のたわみ（単位仮想荷重法）

　現実に起こる現象を幅広い観点から理解する方法の１つとして、仮想的な状況を利用する手法があり、構造力学の分野では仮想仕事の原理（仮想変位の原理）や補仮想仕事の原理（仮想力の原理）と呼ばれる方法がそれに相当する。本項では、梁のたわみやたわみ角を求める計算法として、仮想力の原理の１つである単位仮想荷重法について解説する。

■1 単位仮想荷重法の概要

　図１のような等分布荷重が作用する長さ l の単純梁（曲げ剛性 EI）を例として、単位仮想荷重法の概要を示す。単純梁に生じている実際のたわみを $v(x)$（中央たわみは $v\left(\dfrac{l}{2}\right)$）、曲げモーメント分布を $M(x)$、曲率分布を $\kappa(x)\left(=\dfrac{M(x)}{EI}\right)$ で表す。この実際のたわみと曲率分布は適合した変形の組み合わせ（適合変位系という）である。一方、たわみを計算したい点（ここでは梁の中央）のたわみの方向に大きさ１の単位荷重を作用させる。これを単位仮想荷重という。この大きさが１の単位仮想荷重と釣合う仮想の曲げモーメント分布 $\delta M^*(x)$ を求める。ここでは、仮想であることを表現するために曲げモーメント分布 $M^*(x)$ の前にギリシャ文字の δ（デルタ）を付けている。これらの単位仮想荷重と仮想の曲げモーメント分布は、釣合った外力と内力の組み合わせ（釣合い力系という）を構成している。

　これらの釣合い力系と適合変位系に対する仮想力の原理は、次のように表現できる。

　　外力補仮想仕事＝内力補仮想仕事

　この数式の概要を図１に示す。なお、ここでは曲げ変形のみを考慮するものとする。

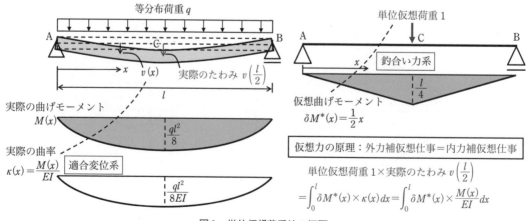

図１　単位仮想荷重法の概要

2 一般的な単位仮想荷重法

図1で例示した単位仮想荷重法を、少し一般的な表現へと拡張してみよう。

今、梁の節点数を n、部材数を m とする。梁に作用する節点力を P_i $(i = 1, \cdots, n)$、対応する実際に生じている節点変位を u_i $(i = 1, \cdots, n)$ で表す。また、各部材の実際に生じている曲げモーメント分布を $M_j(x_j)$ $(j = 1, \cdots, m)$、曲率分布を $\kappa_j(x_j)$ $(j = 1, \cdots, m)$ で表す。**19** 項で示したように、曲率と曲げモーメントには $\kappa_j(x_j) = \dfrac{M_j(x_j)}{EI_j}$ の関係が成立する。仮想力 δP_i とそれと釣合う仮想曲げモーメント分布 $\delta M_j(x_j)$ を考える。仮想力 δP_i が実際の節点変位 u_i に対してなす外力補仮想仕事と、仮想曲げモーメント $\delta M_j(x_j)$ が実際の曲率に対してなす内力補仮想仕事が等しいという関係から、仮想力の原理は次式で表現できる。

$$\sum_i \delta P_i u_i = \sum_j \int \delta M_j(x_j) \kappa_j(x_j)\, dx_j \tag{1}$$

$\kappa_j(x_j) = \dfrac{M_j(x_j)}{EI_j}$ の関係を代入すると、(1)式は次式となる。

$$\sum_i \delta P_i u_i = \sum_j \int \delta M_j(x_j) \frac{M_j(x_j)}{EI_j}\, dx_j \tag{2}$$

ここで、特定の節点 i について次のような単位仮想荷重を考える。

$$\delta P_i = 1 \tag{3}$$

$\delta P_i = 1$ と釣合う仮想曲げモーメント分布を $\delta M_j^*(x_j)$ で表すと、(2)式から単位仮想荷重法の基本式が得られる。以下では、単位仮想荷重とそれに対応する曲げモーメント分布関数を赤字で表示している。

$$1 \times u_i = \sum_j \int \delta M_j^*(x_j) \frac{M_j(x_j)}{EI_j}\, dx_j \tag{4}$$

3 計算例①：材端にモーメント荷重が作用する単純梁

図2(a)の単純梁の A 点に時計回りのモーメント荷重 M が作用するとき、A 点の節点回転角を求めたい。図2(b)のような単位仮想モーメント荷重を考えると、A 点の節点回転角は次のように求められる。

$$1 \times \theta_\mathrm{A} = \frac{1}{EI} \int_0^l \left(1 - \frac{x}{l}\right) \times M\left(1 - \frac{x}{l}\right) dx = \frac{M}{EI}\left[x - \frac{x^2}{l} + \frac{x^3}{3l^2}\right]_0^l = \frac{Ml}{3EI} \tag{5}$$

4 計算例②：中央に集中荷重が作用する単純梁

次に、図3(a)のような中央に集中荷重が作用する単純梁を考え、中央点でのたわみと A 点におけるたわみ角を求めてみよう。それぞれ、図3(b)、(c)のような単位仮想荷重および単位仮想モーメント荷重を考え、単位仮想荷重法を適用すると、次式のように求められる。

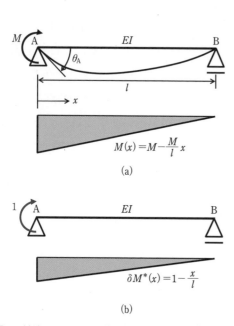

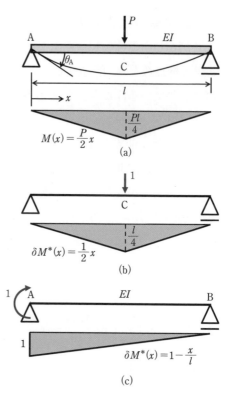

図2　材端にモーメント荷重が作用する単純梁の曲げモーメント図と単位仮想モーメント荷重に対する曲げモーメント図

図3　中央に集中荷重が作用する単純梁の曲げモーメント図と単位仮想荷重および単位仮想モーメント荷重に対する曲げモーメント図

$$1 \times \delta_C = \frac{1}{EI} 2 \int_0^{\frac{l}{2}} \frac{1}{2} x \times \frac{P}{2} x \, dx = \frac{P}{2EI} \left[\frac{x^3}{3} \right]_0^{\frac{l}{2}} = \frac{Pl^3}{48EI} \tag{6}$$

$$1 \times \theta_A = \frac{1}{EI} \left\{ \int_0^{\frac{l}{2}} \left(1 - \frac{x}{l}\right) \times \frac{P}{2} x \, dx + \int_0^{\frac{l}{2}} \frac{x}{l} \times \frac{P}{2} x \, dx \right\} = \frac{Pl^2}{16EI} \tag{7}$$

（第2項は右端Bから左方向に座標xを設定している）

5 計算例③：先端に集中荷重が作用する片持梁

次に、図4(a)のような先端に集中荷重が作用する片持梁を考え、先端でのたわみとたわみ角を求めてみよう。それぞれ、図4(b)、(c)のような単位仮想荷重および単位仮想モーメント荷重を考え、単位仮想荷重法を適用すると次式のように求められる。

$$1 \times \delta_B = \frac{1}{EI} \int_0^l (-x) \times (-Px) \, dx = \frac{1}{EI} \left[\frac{Px^3}{3} \right]_0^l = \frac{Pl^3}{3EI} \tag{8}$$

$$1 \times \theta_B = \frac{1}{EI} \int_0^l (-1) \times (-Px) \, dx = \frac{1}{EI} \left[\frac{Px^2}{2} \right]_0^l = \frac{Pl^2}{2EI} \tag{9}$$

6 計算例④：等分布荷重が作用する片持梁

次に、図5(a)のような等分布荷重が作用する片持梁を考え、先端でのたわみとたわみ角を求めてみよう。それぞれ、図5(b)、(c)のような単位仮想荷重および単位仮想モーメント荷重を考え、単位仮想荷重法を適用すると、次式のように求められる。

$$1 \times \delta_{\mathrm{B}} = \frac{1}{EI} \int_0^l (-x) \times \left(-\frac{qx^2}{2} \right) dx = \frac{1}{EI} \left[\frac{qx^4}{8} \right]_0^l = \frac{ql^4}{8EI} \tag{10}$$

$$1 \times \theta_{\mathrm{B}} = \frac{1}{EI} \int_0^l (-1) \times \left(-\frac{qx^2}{2} \right) dx = \frac{1}{EI} \left[\frac{qx^3}{6} \right]_0^l = \frac{ql^3}{6EI} \tag{11}$$

なお、ここでは曲げモーメント分布の数式を簡便に扱うため、先端Bから左方向に座標xを設定している。

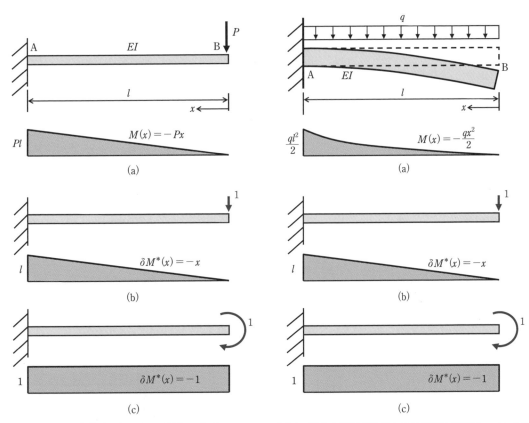

図4　先端に集中荷重が作用する片持梁の曲げモーメント図と単位仮想荷重および単位仮想モーメント荷重に対する曲げモーメント図

図5　等分布荷重が作用する片持梁の曲げモーメント図と単位仮想荷重および単位仮想モーメント荷重に対する曲げモーメント図

40 ラーメンのたわみ（単位仮想荷重法）

本項では、ラーメンに対する単位仮想荷重法について説明する。前項と同様に、曲げ変形のみを考慮する。

❶ 計算例①：梁部分の先端に鉛直集中荷重が作用する柱脚固定の肘型ラーメン

図1(a)のような柱脚が固定支持された肘型ラーメンの先端に鉛直集中荷重が作用する場合を考える。そのときの曲げモーメント図を同じく図1(a)に示す。

B点の水平変位を求めるには、図1(b)のような単位水平荷重をB点に作用させ、それを単位仮想荷重とすればよい（**39**項と同様に、単位仮想荷重とそれに対応する曲げモーメント分布関数を赤字で表示している）。

$$1 \times u_{\mathrm{B}} = \frac{1}{EI} \int_0^l x \times Pl\,dx = \frac{1}{EI} \left[\frac{Pl}{2} x^2 \right]_0^l = \frac{Pl^3}{2EI} \tag{1}$$

ここで、単位仮想荷重に対する曲げモーメント分布が0の部材（ここではBC部材）は、積分計算から除外されている。

また、C点の鉛直変位を求めるには、図1(c)のような単位鉛直荷重をC点に作用させ、そ

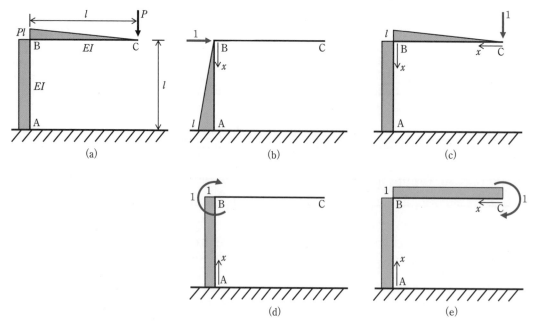

図1　先端に集中荷重が作用する柱脚固定の肘型ラーメンの曲げモーメント図と単位仮想荷重および単位仮想モーメント荷重に対する曲げモーメント図

れを単位仮想荷重とすればよい。

$$1 \times v_{\mathrm{C}} = \frac{1}{EI}\left(\int_0^l x \times Px\,dx + \int_0^l l \times Pl\,dx\right) = \frac{1}{EI}\left(\left[\frac{P}{3}x^3\right]_0^l + \left[Pl^2x\right]_0^l\right) = \frac{4Pl^3}{3EI} \tag{2}$$

次に、B 点の回転角を求めるには、図 1(d) のような単位モーメント荷重を B 点に作用させ、それを単位仮想荷重とすればよい。

$$1 \times \theta_{\mathrm{B}} = \frac{1}{EI}\int_0^l 1 \times Pl\,dx = \frac{1}{EI}\left[Plx\right]_0^l = \frac{Pl^2}{EI} \tag{3}$$

さらに、C 点の回転角を求めるには、図 1(e) のような単位モーメント荷重を C 点に作用させ、それを単位仮想荷重とすればよい。

$$1 \times \theta_{\mathrm{C}} = \frac{1}{EI}\left(\int_0^l 1 \times Px\,dx + \int_0^l 1 \times Pl\,dx\right) = \frac{1}{EI}\left(\left[\frac{P}{2}x^2\right]_0^l + \left[Plx\right]_0^l\right) = \frac{3Pl^2}{2EI} \tag{4}$$

2 計算例②：梁部分に等分布荷重が作用する柱脚固定の肘型ラーメン

次に、図 2(a) のような柱脚が固定支持された肘型ラーメンの梁部分に等分布荷重が作用する場合を考える。そのときの曲げモーメント図を同じく図 2(a) に示す。

B 点の水平変位を求めるには、図 2(b) のような単位水平荷重を B 点に作用させ、それを単位仮想荷重とすればよい。

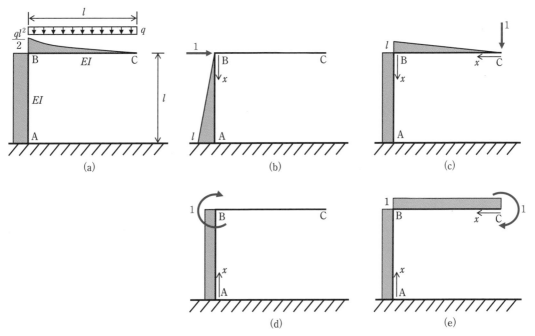

図 2　梁部分に等分布荷重が作用する柱脚固定の肘型ラーメンの曲げモーメント図と単位仮想荷重および単位仮想モーメント荷重に対する曲げモーメント図

$$1 \times u_{\text{B}} = \frac{1}{EI} \int_0^l x \times \frac{ql^2}{2} \, dx = \frac{1}{EI} \left[\frac{ql^2}{4} x^2 \right]_0^l = \frac{ql^4}{4EI} \tag{5}$$

また、C 点の鉛直変位を求めるには、図 2(c)のような単位鉛直荷重を C 点に作用させ、それを単位仮想荷重とすればよい。

$$1 \times v_{\text{C}} = \frac{1}{EI} \left(\int_0^l x \times \frac{qx^2}{2} \, dx + \int_0^l l \times \frac{ql^2}{2} \, dx \right) = \frac{1}{EI} \left(\left[\frac{q}{8} x^4 \right]_0^l + \left[\frac{ql^3}{2} x \right]_0^l \right) = \frac{5ql^4}{8EI} \tag{6}$$

次に、B 点の回転角を求めるには、図 2(d)のような単位モーメント荷重を B 点に作用させ、それを単位仮想荷重とすればよい。

$$1 \times \theta_{\text{B}} = \frac{1}{EI} \int_0^l 1 \times \frac{ql^2}{2} \, dx = \frac{1}{EI} \left[\frac{ql^2}{2} x \right]_0^l = \frac{ql^3}{2EI} \tag{7}$$

さらに、C 点の回転角を求めるには、図 2(e)のような単位モーメント荷重を C 点に作用させ、それを単位仮想荷重とすればよい。

$$1 \times \theta_{\text{C}} = \frac{1}{EI} \left(\int_0^l 1 \times \frac{qx^2}{2} \, dx + \int_0^l 1 \times \frac{ql^2}{2} \, dx \right) = \frac{1}{EI} \left(\left[\frac{q}{6} x^3 \right]_0^l + \left[\frac{ql^2}{2} x \right]_0^l \right) = \frac{2ql^3}{3EI} \tag{8}$$

❸ 計算例③：柱脚に水平荷重が作用する静定門型ラーメン

次に、図 3(a)のような柱脚に水平荷重が作用する静定門型ラーメンを考える。反力と曲げモーメント図は図 3(b)のようになる。

このときの D 点と C 点の水平変位を求めてみよう。そこで、図 4(a)、(b)に示すような D 点と C 点に作用する単位仮想荷重を考える。それに対する曲げモーメント図は図 4(a)、(b)のようになる。

D 点に関して単位仮想荷重法を適用すると、D 点の水平変位は次のように求められる。

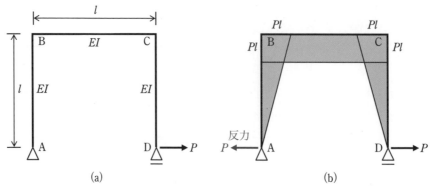

(a)   (b)

図3　柱脚に水平荷重が作用する静定門型ラーメンの反力と曲げモーメント図

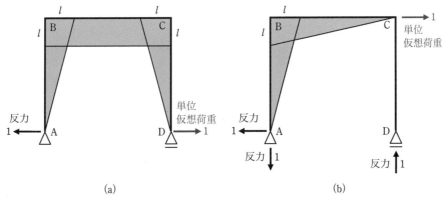

(a)　　　　　　　　　　　　　(b)

図4　単位仮想荷重に対する反力と曲げモーメント図

$$1 \times u_{\mathrm{D}} = \frac{1}{EI} \left(2 \int_0^l x \times Px \, dx + \int_0^l l \times Pl \, dx \right)$$
$$= \frac{1}{EI} \left(2 \left[\frac{P}{3} x^3 \right]_0^l + \left[Pl^2 x \right]_0^l \right) \tag{9}$$
$$= \frac{5Pl^3}{3EI}$$

C 点に関して単位仮想荷重法を適用すると、C 点の水平変位は次のように求められる。

$$1 \times u_{\mathrm{C}} = \frac{1}{EI} \left(\int_0^l x \times Px \, dx + \int_0^l x \times Pl \, dx \right)$$
$$= \frac{1}{EI} \left(\left[\frac{P}{3} x^3 \right]_0^l + \left[\frac{1}{2} Plx^2 \right]_0^l \right) \tag{10}$$
$$= \frac{5Pl^3}{6EI}$$

上記の (9)、(10) 式から次のようなことがいえる。図 3(a) のラーメンの曲げモーメント図は図 3(b) のようになり、変形も梁の中点を通る鉛直軸に関して左右対称となる。ここでは、梁の伸縮は考慮しないため、C 点の水平変位は B 点の水平変位と同じとなる。したがって、D 点の水平変位は C 点の水平変位の 2 倍となる。

なお、31、32 項で説明した不静定構造物に対する応力法においては、不静定力に対応する変位拘束を取り除いた静定構造物に不静定力が作用したときの変位や変形を求めることが必要となる。その際、本項で解説した単位仮想荷重法を用いると計算しやすい。

41 たわみ角法①
基本公式

41〜44 項では、33、34 項で説明した変位法の 1 つであるたわみ角法について解説する。このたわみ角法では、梁や柱から構成される剛接骨組（05 項参照）に対して、変位の自由度を少なくして計算を容易にするという観点から、部材の伸びを考慮しない定式化（伸びなし変形の仮定と呼ばれる）を行う。具体的には、部材端に作用する材端モーメントとせん断力を中心に取り扱い、節点まわりと層方向の釣合い式から節点における回転角（節点回転角）と部材全体としての回転角（部材角）を求めることができる。

33 項で説明した変位法は、コンピューターでの利用に適しているが、手計算では自由度が多すぎるため、ごく単純な構造物しか扱うことができない。それに対してたわみ角法は、自由度（未知の節点変位の数）の大きな構造物を扱うことはできないが、コンピューターでの利用の際に必要となる座標変換などの操作は不要であり、材端モーメントの公式と釣合い式の作成方法を理解していれば、比較的簡単に不静定構造物の解析を行うことが可能である。なお、超高層建物のように建物幅に対する建物高さの比（アスペクト比）が大きな建物では、柱の伸縮による梁の部材角の発生とその建物の応答への影響から、たわみ角法による伸びなし変形の仮定の適用には十分な注意が必要である。

1 たわみ角法の基本公式

図 1 のような直線部材（梁部材）AB を考える。変形後の両端の節点を結ぶ直線 AB′ と水平線のなす角度 R_{AB} を部材角と呼ぶ。水平線（全体座標）から定義した節点回転角を θ_A、θ_B

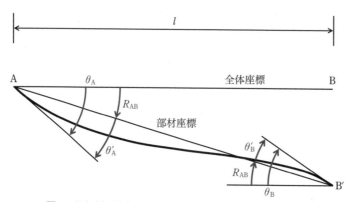

図1　梁部材の節点回転角（全体座標と部材座標）と部材角

で表し、変形後の両端の節点を結ぶ直線 AB′（部材座標）から定義した節点回転角を θ'_A、θ'_B で表す。節点回転角と部材角は時計回りを正とする。

33 項の変位法の式より、図2の単純梁の両材端モーメント（時計回りを正）と回転角の関係は次のように表される。

$$M_A = \frac{EI}{l}(4\theta'_A + 2\theta'_B) \tag{1}$$

$$M_B = \frac{EI}{l}(2\theta'_A + 4\theta'_B) \tag{2}$$

ここで、2種類の節点回転角 θ_A、θ_B および θ'_A、θ'_B と部材角 R_{AB} の関係より次式が成立する。

$$\theta'_A = \theta_A - R_{AB} \tag{3a}$$

$$\theta'_B = \theta_B - R_{AB} \tag{3b}$$

(3a)、(3b) 式を (1)、(2) 式に代入すると、たわみ角法の基本公式が得られる。

$$
\begin{aligned}
M_A &= \frac{EI}{l}\{4(\theta_A - R_{AB}) + 2(\theta_B - R_{AB})\} \\
&= \frac{2EI}{l}(2\theta_A + \theta_B - 3R_{AB})
\end{aligned} \tag{4a}
$$

$$
\begin{aligned}
M_B &= \frac{EI}{l}\{2(\theta_A - R_{AB}) + 4(\theta_B - R_{AB})\} \\
&= \frac{2EI}{l}(\theta_A + 2\theta_B - 3R_{AB})
\end{aligned} \tag{4b}
$$

材端モーメントの表示については、ある節点に複数の部材が接続され、どの部材の材端モーメントかを判別することが困難となる場合もあるため、他端の節点番号（記号）を当該節点番号（記号）の次に表示する方法がたわみ角法では用いられる。すなわち、上記の場合には、M_A の代わりに M_{AB} が、M_B の代わりに M_{BA} が用いられる。

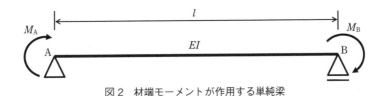

図2　材端モーメントが作用する単純梁

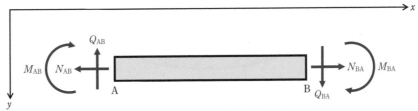

図3　たわみ角法における材端力の正の向き

また、たわみ角法における材端力の正の向きは図3のように定義される。

(4a)、(4b)式では係数がやや複雑になっているため、剛度と剛比という概念を導入して表現の簡略化を行う。

部材の変形のしにくさを表す剛性は、断面2次モーメント I と長さ l に関係する性質であり、その値は両者の比 $\dfrac{I}{l}$ である剛度 K で示される。また、各部材の剛性を表現するために基準となる剛度 K_0（基準剛度）を定める。それに対する各部材の剛度の比を剛比と呼び、$k_{AB} = \dfrac{K_{AB}}{K_0}$ のように表す。この剛比を用いると、(4a)、(4b)式は次式のような簡潔な表現となる。

$$M_{AB} = k_{AB}(2\varphi_A + \varphi_B + \psi_{AB}) \tag{5a}$$

$$M_{BA} = k_{AB}(\varphi_A + 2\varphi_B + \psi_{AB}) \tag{5b}$$

ここで、新たに導入された φ_A、φ_B、ψ_{AB} は次のように表される。

$$\varphi_A = 2EK_0\theta_A \tag{6a}$$

$$\varphi_B = 2EK_0\theta_B \tag{6b}$$

$$\psi_{AB} = -6EK_0R_{AB} \tag{6c}$$

これらは剛比を用いた簡易的な表現を得るために導入された記号であるが、φ_A、φ_B のことを単に節点回転角、ψ_{AB} のことを部材角と呼ぶこともある。

また、部材の中間に中間荷重が存在する場合には、重ね合わせの原理に従い、固定端モーメントと呼ばれる両端固定梁としての反力モーメント C_{AB}、C_{BA} を、以下に示すように上記の公式（(4a)、(4b)、(5a)、(5b)式）に追加すればよい。

$$M_{AB} = \frac{2EI}{l}(2\theta_A + \theta_B - 3R_{AB}) + C_{AB} \tag{7a}$$

$$M_{BA} = \frac{2EI}{l}(\theta_A + 2\theta_B - 3R_{AB}) + C_{BA} \tag{7b}$$

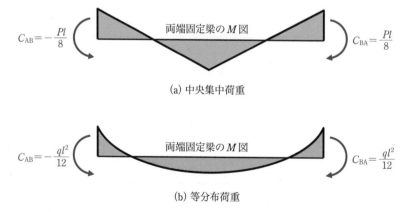

$C_{AB} = -\dfrac{Pl}{8}$ 両端固定梁の M 図 $C_{BA} = \dfrac{Pl}{8}$

(a) 中央集中荷重

$C_{AB} = -\dfrac{ql^2}{12}$ 両端固定梁の M 図 $C_{BA} = \dfrac{ql^2}{12}$

(b) 等分布荷重

図4　中央集中荷重もしくは等分布荷重が作用する梁の固定端モーメント

あるいは、

$$M_{AB} = k_{AB}(2\varphi_A + \varphi_B + \psi_{AB}) + C_{AB} \tag{8a}$$

$$M_{BA} = k_{AB}(\varphi_A + 2\varphi_B + \psi_{AB}) + C_{BA} \tag{8b}$$

代表的な例として、長さ l の梁に中央集中荷重 P が作用する場合と等分布荷重 q が作用する場合の固定端モーメント C_{AB}、C_{BA} を、それぞれ図4に示す。

② 固定端モーメントの一般的な表現

図5に示すような、部材内の任意の位置に集中荷重 P もしくは集中モーメント荷重 m が作用する両端固定梁の固定端モーメントは、以下のように表される。

〈集中荷重〉

$$C_{ij} = -\frac{Px(l-x)^2}{l^2} \ 、 \ C_{ji} = \frac{Px^2(l-x)}{l^2} \tag{9a}、(9b)$$

〈集中モーメント荷重〉

$$C_{ij} = -\frac{m}{l^2}(l-x)(l-3x) \ 、 \ C_{ji} = \frac{m}{l^2}(2l-3x)x \tag{10a}、(10b)$$

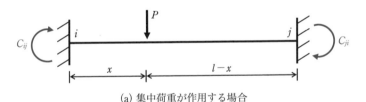

(a) 集中荷重が作用する場合

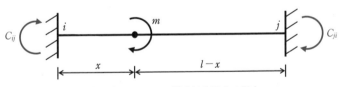

(b) 集中モーメント荷重が作用する場合

図5　中間に集中荷重もしくは集中モーメント荷重が作用する両端固定梁の固定端モーメント

42 たわみ角法②
梁

41 項で解説したたわみ角法を梁に適用した計算例を紹介する。

1 計算例①：等分布荷重が作用する一端固定・2点ローラー支持の連続梁

図1のような、一端固定・2点ローラー支持の連続梁の AB 区間に等分布荷重が作用する場合を考える。BC 部材を選定して基準剛度を $K_0 = \dfrac{I}{2l}$ とすると、剛比は AB 区間で $k_{AB} = 2$、BC 区間で $k_{BC} = 1$ である。

図1の AB 部材と BC 部材に対して 41 項で誘導したたわみ角法の基本公式を適用すると、次のようになる（固定端 C では節点回転角 $\varphi_C = 0$ で、部材角は AB、BC 区間とも 0）。

$$M_{AB} = 2(2\varphi_A + \varphi_B) - \frac{ql^2}{12} = 0 \tag{1}$$

$$M_{BA} = 2(\varphi_A + 2\varphi_B) + \frac{ql^2}{12} \tag{2}$$

$$M_{BC} = 2\varphi_B \tag{3}$$

$$M_{CB} = \varphi_B \tag{4}$$

回転が拘束されていない節点では（ここでは A 点と B 点）、それを含む自由体について、節点まわりのモーメントの釣合い式（節点方程式という）が成り立つ。(1)式は A 点に関する節点方程式を表す。B 点では、次のように記述できる。

$$M_{BA} + M_{BC} = 0 \tag{5}$$

(5)式に(2)、(3)式を代入して、次式を得る。

$$2(\varphi_A + 2\varphi_B) + \frac{ql^2}{12} + 2\varphi_B = 0 \tag{6}$$

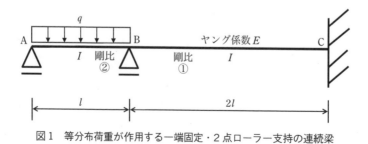

図1　等分布荷重が作用する一端固定・2点ローラー支持の連続梁

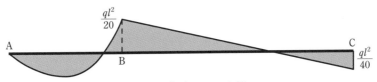

$$\frac{ql^2}{20}$$

図2　曲げモーメント図

$$Q_{AB} = -\frac{M_{AB}+M_{BA}}{l} + \frac{ql}{2} = \frac{9ql}{20} \qquad Q_{BA} = -\frac{M_{AB}+M_{BA}}{l} - \frac{ql}{2} = -\frac{11ql}{20}$$

$$Q_{BC} = Q_{CB} = -\frac{M_{BC}+M_{CB}}{2l} = \frac{3ql}{80}$$

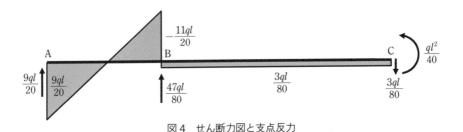

図3　自由体の釣合い

図4　せん断力図と支点反力

(1)、(6)式より節点回転角が次のように得られる。

$$\varphi_A = \frac{ql^2}{30}, \quad \varphi_B = -\frac{ql^2}{40} \tag{7a}、(7b)}$$

これを(2)〜(4)式に代入して、材端モーメントが次のように求められる。

$$M_{BA} = \frac{ql^2}{20}, \quad M_{BC} = -\frac{ql^2}{20}, \quad M_{CB} = -\frac{ql^2}{40} \tag{8a)、(8b)、(8c)}$$

このとき、曲げモーメント分布は図2のように求められる。

また、せん断力図と支点反力は図3の自由体の釣合いを考えることにより、図4のように求めることができる。

2 計算例②：2つの集中荷重が作用する一端固定・他端ローラー支持の梁

次に、図5のような一端固定・他端ローラー支持の梁に2つの鉛直集中荷重が作用する場合を考え、曲げモーメント図とB点の鉛直変位を求めてみよう。剛比は図中に示す（基準剛度を $K_0 = \frac{I}{l}$ とすると、AB部材とBC部材の剛比はともに1となる）。

ここでは、B 点の鉛直変位を求める必要があるため、AB 部材を 1 部材として扱うことにする。なお、部材を細かく分割しすぎると節点回転角や部材角の未知量の数が増えるため、分割は必要最小限とすることが望ましい。たわみ角法では、部材の伸縮を無視することに起因して、複数部材の部材角の間には幾何学的な関係が存在する。このような関係を部材角相互の関係という。AB 部材と BC 部材の部材角の間に存在する部材角相互の関係 $\psi_{BC} = -2\psi_{AB}$（BC 部材の部材角は、AB 部材の部材角の 2 倍に負号を付けたものに等しい）を用いて、図 5 の AB 部材と BC 部材に対してたわみ角法の基本公式を適用すると、次のようになる（固定端 A では節点回転角 $\varphi_A = 0$）。

$$M_{AB} = (\varphi_B + \psi_{AB}) - \frac{P(2l)}{8} \tag{9}$$

$$M_{BA} = (2\varphi_B + \psi_{AB}) + \frac{P(2l)}{8} \tag{10}$$

$$M_{BC} = (2\varphi_B + \varphi_C - 2\psi_{AB}) \tag{11}$$

$$M_{CB} = (2\varphi_C + \varphi_B - 2\psi_{AB}) = 0 \tag{12}$$

　(12) 式は C 点における節点方程式を表す。また、図 6 のような自由体の釣合いを考える。そのとき、B 点における節点方程式は次式となる。

$$M_{BA} + M_{BC} = 0 \tag{13}$$

　(13) 式に (10)、(11) 式を代入して、次式を得る。

$$4\varphi_B + \varphi_C - \psi_{AB} = -\frac{Pl}{4} \tag{14}$$

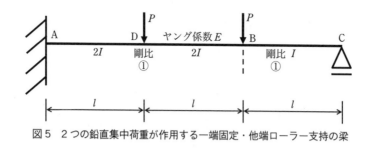

図5　2 つの鉛直集中荷重が作用する一端固定・他端ローラー支持の梁

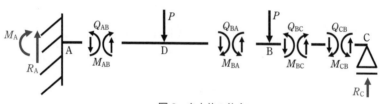

図6　自由体の釣合い

たわみ角法では、部材角の自由度に対応して、部材角が生じる方向に自由体の力の釣合い式を記述する。これを層方程式という。この梁における層方程式は、図6の自由体におけるB点付近の自由体の鉛直方向の釣合い式より、次のように表現できる。

$$Q_{\mathrm{BA}} = Q_{\mathrm{BC}} + P \tag{15}$$

　図6の自由体において材端モーメントとせん断力の釣合いを考え、それを(15)式に代入すると次式を得る。

$$-\frac{M_{\mathrm{AB}} + M_{\mathrm{BA}}}{2l} - \frac{P}{2} = -\frac{M_{\mathrm{BC}}}{l} + P \tag{16}$$

(16)式に(9)〜(11)式を代入すると、次式が得られる。

$$-\varphi_{\mathrm{B}} - 2\varphi_{\mathrm{C}} + 6\psi_{\mathrm{AB}} = -3Pl \tag{17}$$

(12)、(14)、(17)式より、節点回転角と部材角が次のように得られる。

$$\varphi_{\mathrm{B}} = -\frac{Pl}{14}, \quad \varphi_{\mathrm{C}} = -\frac{5Pl}{7}, \quad \psi_{\mathrm{AB}} = -\frac{3Pl}{4} \tag{18a, 18b, 18c}$$

(18a)〜(18c)式を(9)〜(11)式に代入すると、材端モーメントが次のように得られる。

$$M_{\mathrm{AB}} = -\frac{15Pl}{14}, \quad M_{\mathrm{BA}} = -\frac{9Pl}{14}, \quad M_{\mathrm{BC}} = \frac{9Pl}{14} \tag{19a, 19b, 19c}$$

　このとき、曲げモーメント図と支点反力は図7のように求められる。なお、支点反力は図6の自由体の釣合いを用いて求めている。

　B点の鉛直変位を求めるために、(18c)式と、ψ_{AB}の定義式である

$$\psi_{\mathrm{AB}} = -6EK_0 R_{\mathrm{AB}} \tag{20}$$

を用いて、部材角 $R_{\mathrm{AB}} = \dfrac{Pl^2}{8EI}$ を求める。このとき、部材角と鉛直変位の関係より、鉛直変位が次のように求められる。

$$v_{\mathrm{B}} = 2lR_{\mathrm{AB}} = \frac{Pl^3}{4EI} \tag{21}$$

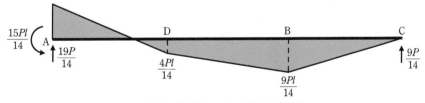

図7　曲げモーメント図と支点反力

43 たわみ角法③
不静定ラーメン

本項では、単純な形式の不静定ラーメンに対するたわみ角法の適用例を示す。

❶ 計算例①：梁に等分布荷重が作用する両端固定の肘型ラーメン

図1(a)に示すような、梁と柱から構成される肘型ラーメンが両端で固定支持されている場合を考える。梁には等分布荷重が作用している。剛比は、柱を1、梁を2とする。変形の概要を図1(b)に示す。

図1(a)のAB部材とBC部材に対してたわみ角法の基本公式を適用すると、次のようになる（固定端AおよびCでは節点回転角が0となり、固定端モーメントについては図2を参照）。

$$M_{AB} = \varphi_B \tag{1}$$

$$M_{BA} = 2\varphi_B \tag{2}$$

$$M_{BC} = 2(2\varphi_B) - \frac{ql^2}{12} \tag{3}$$

$$M_{CB} = 2(\varphi_B) + \frac{ql^2}{12} \tag{4}$$

B点における節点方程式は、図3を参照して次のように表現できる。

$$M_{BA} + M_{BC} = 0 \tag{5}$$

(5)式に(2)、(3)式を代入して、次式を得る。

$$6\varphi_B - \frac{ql^2}{12} = 0 \tag{6}$$

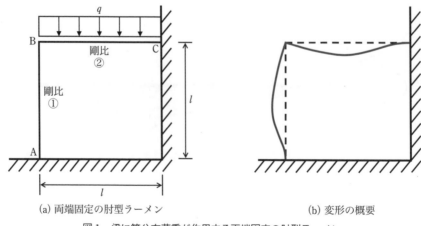

(a) 両端固定の肘型ラーメン   (b) 変形の概要

図1　梁に等分布荷重が作用する両端固定の肘型ラーメン

これより、B 点の節点回転角が次のように得られる。

$$\varphi_\mathrm{B} = \frac{ql^2}{72} \tag{7}$$

これを(1)〜(4)式に代入して、材端モーメントが次のように求められる。

$$M_\mathrm{AB} = \frac{ql^2}{72} 、 M_\mathrm{BA} = \frac{ql^2}{36} 、 M_\mathrm{BC} = -\frac{ql^2}{36} 、 M_\mathrm{CB} = \frac{ql^2}{9} \tag{8a}、(8b)、(8c)、(8d)}$$

また、図3の自由体の釣合いより、せん断力は次のように求められる。

$$Q_\mathrm{BA} = -\frac{M_\mathrm{AB} + M_\mathrm{BA}}{l} = -\frac{ql}{24} = Q_\mathrm{AB} \tag{9}$$

$$Q_\mathrm{BC} = -\frac{M_\mathrm{BC} + M_\mathrm{CB}}{l} + \frac{ql}{2} = \frac{5ql}{12} 、 Q_\mathrm{CB} = -\frac{7ql}{12} \tag{10a}、(10b)}$$

図3の節点Bを含む自由体の鉛直方向の力の釣合いより、AB部材の軸方向力は次のように求められる。

$$N_\mathrm{BA} = -Q_\mathrm{BC} = -\frac{5ql}{12} = N_\mathrm{AB} \tag{11}$$

図2 固定端モーメント

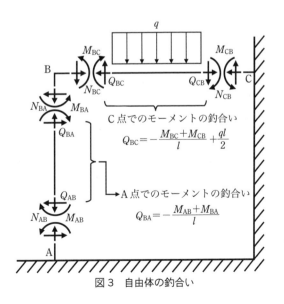

図3 自由体の釣合い

構造力学Ⅲ：力学の展開（不静定構造）

173

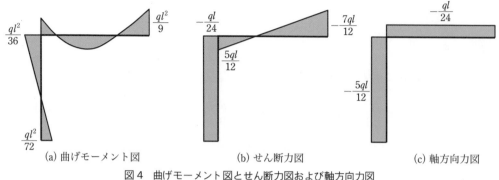

(a) 曲げモーメント図   (b) せん断力図   (c) 軸方向力図

図4　曲げモーメント図とせん断力図および軸方向力図

同じ自由体の水平方向の力の釣合いより、BC 部材の軸方向力が次のように求められる。

$$N_{\mathrm{BC}} = Q_{\mathrm{BA}} = -\frac{ql}{24} \tag{12}$$

以上より、曲げモーメント図、せん断力図、軸方向力図は図4のようになる。

2 計算例②：柱頭に水平荷重が作用する柱脚固定の1層1スパンラーメン

次に、図5のような柱脚が固定支持された1層1スパンラーメンに水平荷重 P が作用する場合を考える。基準剛度 K_0 に対する梁および柱の剛比を、それぞれ k_B、k_C とする。すべての部材のヤング係数は E である。このときの水平荷重 P に対する水平変位 u を求めよう。

図5の柱部材と梁部材に対してたわみ角法の基本公式を適用すると、次のようになる（固定端 A、D では節点回転角 $\varphi_{\mathrm{A}} = \varphi_{\mathrm{D}} = 0$ であり、構造物の対称性と荷重の逆対称性から $\varphi_{\mathrm{B}} = \varphi_{\mathrm{C}}$）。

$$M_{\mathrm{AB}} = k_C(\varphi_{\mathrm{B}} + \psi_{\mathrm{AB}}) \tag{13}$$

$$M_{\mathrm{BA}} = k_C(2\varphi_{\mathrm{B}} + \psi_{\mathrm{AB}}) \tag{14}$$

$$M_{\mathrm{BC}} = k_B(2\varphi_{\mathrm{B}} + \varphi_{\mathrm{C}}) = k_B(2\varphi_{\mathrm{B}} + \varphi_{\mathrm{B}}) \tag{15}$$

たわみ角法では伸びなし変形の仮定を用いているため、図5の荷重条件では、B、C 点にそれぞれ $\frac{P}{2}$ が作用する場合と同じ結果となる。この場合、C 点に作用する荷重の向きを逆転させると、B 点における荷重と構造物の対称軸に関して対称となる。このような荷重のことを逆対称荷重という。

B 点での節点方程式は次のように表される。

$$M_{\mathrm{BA}} + M_{\mathrm{BC}} = 0 \tag{16}$$

上式に(14)、(15)式を代入すると、次式が得られる。

$$k_C(2\varphi_{\mathrm{B}} + \psi_{\mathrm{AB}}) + k_B(3\varphi_{\mathrm{B}}) = 0 \tag{17}$$

一方、層方程式（BC 部材を含む自由体の水平方向の釣合い式）に(13)、(14)式を代入すると、次式が得られる。

$$Q_{\mathrm{BA}} = -\frac{M_{\mathrm{AB}} + M_{\mathrm{BA}}}{h} = -\frac{k_C(3\varphi_{\mathrm{B}} + 2\psi_{\mathrm{AB}})}{h} = \frac{1}{2}P \tag{18}$$

(17)、(18) 式より、節点回転角と部材角が次のように求められる。

$$\varphi_{\mathrm{B}} = \frac{Ph}{2(6k_B + k_C)} \tag{19}$$

$$\psi_{\mathrm{AB}} = -\frac{3k_B + 2k_C}{k_C}\frac{Ph}{2(6k_B + k_C)} \tag{20}$$

ψ_{AB} の定義より、ψ_{AB} は基準剛度 K_0 を用いて水平変位 u と次のように関係づけられる。

$$\psi_{\mathrm{AB}} = -\frac{3k_B + 2k_C}{k_C}\frac{Ph}{2(6k_B + k_C)} = -6EK_0\frac{u}{h} \tag{21}$$

したがって、柱頭の水平変位 u は次のように求められる。

$$u = \frac{3k_B + 2k_C}{6k_B + k_C}\frac{1}{k_C}\left(\frac{h^2}{12EK_0}\right)P \tag{22}$$

(22)式より、

$$\frac{P}{u} = \frac{k_C(6k_B + k_C)}{3k_B + 2k_C}\left(\frac{12EK_0}{h^2}\right) \tag{23}$$

ここで、水平荷重 P を水平変位 u で除した値である $\dfrac{P}{u}$ は水平移動剛性を表しており、図 5 のラーメンの水平移動剛性がたわみ角法により比較的容易に求められたことになる。

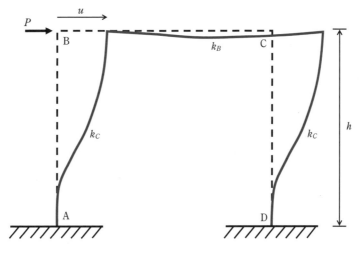

図5　柱脚が固定支持された1層1スパンラーメン

44 たわみ角法④
静定ラーメンの変形解析

前述のように、たわみ角法は変位を未知量とする変位法の１つであり、静定構造・不静定構造に関係なく用いることができる。静定構造では力の釣合いから反力や断面力が求められるため、反力や断面力を求める目的ではあえてたわみ角法を用いる必要はないが、静定構造でも変形や節点の変位を求めることに利用すると便利な側面がある。

■1 計算例①：柱頭に水平荷重が作用する静定ラーメン

ここでは、図1に示す曲げ剛性EIの部材から構成される静定ラーメンを例として取り上げ、たわみ角法を用いて変形や変位を求める手順について解説する。

この静定ラーメンの曲げモーメント図は、■11 項で説明した方法により、図２のように求められる。また、■41 項で誘導したたわみ角法の基本公式をこのラーメンに適用すると、次式が得られる。

$$M_{AB} = \frac{2EI}{h}(2\theta_A + \theta_B - 3R_1) = 0 \tag{1}$$

$$M_{BA} = \frac{2EI}{h}(2\theta_B + \theta_A - 3R_1) = -Ph \tag{2}$$

$$M_{BC} = \frac{2EI}{l}(2\theta_B + \theta_C) = Ph \tag{3}$$

$$M_{CB} = \frac{2EI}{l}(2\theta_C + \theta_B) = 0 \tag{4}$$

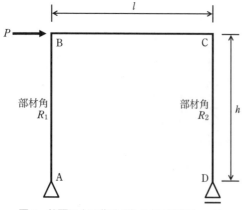

図1　柱頭に水平荷重が作用する静定ラーメン

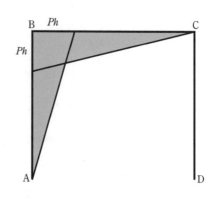

図2　曲げモーメント図

$$M_{CD} = \frac{2EI}{h}(2\theta_C + \theta_D - 3R_2) = 0 \tag{5}$$

$$M_{DC} = \frac{2EI}{h}(2\theta_D + \theta_C - 3R_2) = 0 \tag{6}$$

ここでは節点回転角と部材角を直接求めることを目的としているため、 **41** 項に示したたわみ角法の基本公式の中から(4a)、(4b)式を用いている。

最初に、B 点での節点方程式は次のように書ける。

$$M_{BA} + M_{BC} = 0 \tag{7}$$

これに、(2)、(3)式を代入して、次式が得られる。

$$\frac{2EI}{h}(2\theta_B + \theta_A - 3R_1) + \frac{2EI}{l}(2\theta_B + \theta_C) = 0 \tag{8}$$

次に、BC 部材を含む自由体の水平方向の釣合い式である層方程式は次のように表される。

$$Q_{BA} = -\frac{M_{BA}}{h} = -\frac{\frac{2EI}{h}(2\theta_B + \theta_A - 3R_1)}{h} = P \tag{9}$$

節点方程式と層方程式は、不静定構造では節点回転角および部材角を求めるために用いられるのに対して、静定構造では断面力（曲げモーメントやせん断力）を求める際に釣合い式は既に使用されており、たわみ角法の基本公式から自動的に満たされているといえる。

(3)、(4)式を解くことで、節点回転角 θ_B、θ_C が求められる。

$$\theta_B = \frac{Phl}{3EI} \tag{10a}$$

$$\theta_C = -\frac{Phl}{6EI} \tag{10b}$$

CD 部材では曲げモーメントが 0 であることから、次式が得られる。

$$\theta_D = \theta_C = -\frac{Phl}{6EI} \tag{11a}$$

$$R_2 = \theta_C = -\frac{Phl}{6EI} \tag{11b}$$

層方程式である(9)式より、次式が得られる。

$$2\theta_B + \theta_A - 3R_1 = -\frac{Ph^2}{2EI} \quad \rightarrow \quad \theta_A - 3R_1 = -\frac{Ph^2}{2EI} - \frac{2Phl}{3EI} \tag{12}$$

(1)式より、次式を得る。

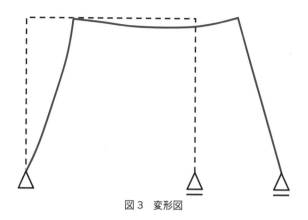

図3 変形図

$$2\theta_A + \theta_B - 3R_1 = 0 \quad \rightarrow \quad 2\theta_A - 3R_1 = -\frac{Phl}{3EI} \tag{13}$$

(12)、(13)式の辺々を引くと、節点回転角と部材角の一部が次のように得られる。

$$\theta_A = \frac{Phl}{3EI} + \frac{Ph^2}{2EI} \tag{14a}$$

$$R_1 = \frac{Phl}{3EI} + \frac{Ph^2}{3EI} \tag{14b}$$

以上で、すべての節点回転角と部材角が得られたことになる。このとき、変形の概要は図3のようになる。

2 計算例②：柱脚と柱頭に水平荷重が作用する一端固定の門型ラーメン

次に、図4のような一端が固定支持された門型ラーメン（部材の曲げ剛性は EI）を考える。支点反力は図4に示す通りである。このとき、曲げモーメント図は図5のようになる。

この静定ラーメンにたわみ角法の基本公式を適用し、さらに図5の曲げモーメント図の部材端での値を代入すると、次式が得られる（固定端Aでは節点回転角 $\theta_A = 0$）。

$$M_{AB} = \frac{2EI}{h}(\theta_B - 3R_1) = -Ph \tag{15}$$

$$M_{BA} = \frac{2EI}{h}(2\theta_B - 3R_1) = -Ph \tag{16}$$

$$M_{BC} = \frac{2EI}{l}(2\theta_B + \theta_C - 3R_2) = Ph \tag{17}$$

$$M_{CB} = \frac{2EI}{l}(2\theta_C + \theta_B - 3R_2) = -Ph \tag{18}$$

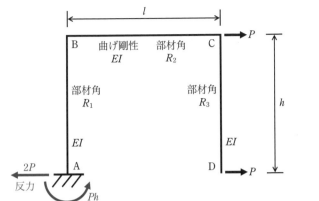

図4　柱脚と柱頭に水平荷重が作用する一端固定の門型ラーメン

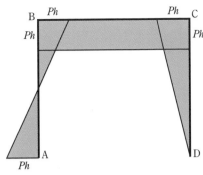

図5　曲げモーメント図

$$M_{CD} = \frac{2EI}{h}(2\theta_C + \theta_D - 3R_3) = Ph \tag{19}$$

$$M_{DC} = \frac{2EI}{h}(2\theta_D + \theta_C - 3R_3) = 0 \tag{20}$$

　計算例①と同様に、ここでは節点回転角と部材角を直接求めることを目的としているため、**41** 項に示したたわみ角法の基本公式の中から (4a)、(4b) 式を用いている。

　上記の 6 個の式を連立して解くと、節点回転角と部材角が次のように得られる。

$$\theta_B = 0, \quad \theta_C = -\frac{Phl}{EI}, \quad \theta_D = -\frac{Ph}{EI}\left(l + \frac{h}{2}\right) \tag{21a、21b、21c}$$

$$R_1 = \frac{Ph^2}{6EI}, \quad R_2 = -\frac{Phl}{2EI}, \quad R_3 = -\frac{Phl}{EI} - \frac{Ph^2}{3EI} \tag{22a、22b、22c}$$

3 構造物の変形や変位を求める他の方法との比較

　構造物の変形や変位を求める方法としては、たわみ角法の他に、**23**〜**26** 項のモールの定理や **27**、**28** 項の微分方程式を積分する方法、さらには **39**、**40** 項の単位仮想荷重法などが挙げられる。モールの定理は適用できる構造物が単純梁と片持梁に限定されているため、本項で扱ったラーメンには適用できない。また、微分方程式を積分する方法および単位仮想荷重法は、複数部材が存在する場合には部材間の境界条件の取り扱いが複雑となる場合があることや、積分計算を伴うなどのデメリットがある。その点で、たわみ角法は優れた解析法といえる。

45 発展問題
柱・トラスの水平移動剛性、交叉梁

建築構造物の構造設計では、剛性要素の配置をいかに適切に行うかが重要な課題となることが多い。大きな剛性を有する要素には大きな力が集まり、その周辺には大きな力に抵抗できる構造設計を行うことが望まれる。建築構造物の水平抵抗要素としては、柱、壁、トラスなど種々のものがある。本項では、柱とトラスについてその水平移動剛性およびそれぞれの負担水平力の求め方について解説する。また、交叉梁の解析についても説明する。

■1 計算例①：3種類の構造形式が剛な床で接続されたモデルの解析

図1のような、両端固定柱（断面2次モーメント I、長さ l）、一端固定・一端ピン柱（断面2次モーメント I、長さ l）、2部材トラス（断面積 A、長さ $l_1 = \dfrac{l}{\cos\alpha}$、鉛直軸からの角度 α）の3つが剛な床で接続されたモデルを考える（建物の床は多くの場合、鉄筋コンクリートから構成されるため面内剛性は極めて高く（床が長方形の形を保ち、水平方向の移動に関して剛体として動く）、同一床面の水平変位が同じとなるいわゆる剛床仮定という構造仮定が設定されることが多い）。すべての部材は共通のヤング係数 E の材料からなるものとする。

両端固定柱 AA′、一端固定・一端ピン柱 BB′ の水平移動剛性を求めるには、基本公式を節点方程式と層方程式に代入するだけで比較的簡単に部材や構造形式の水平移動剛性を導くことができる「たわみ角法」（**41**〜**44**項）を用いるのが有効である。

両端固定柱 AA′ の材端曲げモーメントとせん断力は、たわみ角法の基本公式を用いて次のように求められる（固定端 A、A′ では節点回転角は $\theta_A = \theta_{A'} = 0$ で、部材角は $R_{AA'} = \dfrac{u}{l}$）。

$$M_{AA'} = M_{A'A} = \frac{2EI}{l}(-3R_{AA'}) = -\frac{6EI}{l}R_{AA'} \tag{1}$$

$$Q_{AA'} = -\frac{M_{AA'} + M_{A'A}}{l} = \frac{12EI}{l^2}R_{AA'} = \frac{12EI}{l^3}u \tag{2}$$

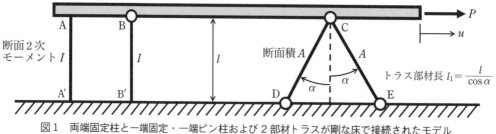

図1　両端固定柱と一端固定・一端ピン柱および2部材トラスが剛な床で接続されたモデル

一端固定・一端ピン柱 BB′ の材端曲げモーメントとせん断力は、たわみ角法の公式を用いて次のように求められる（固定支持の B′ 端では $\theta_{\mathrm{B}'}=0$ で、ピン接合の B 端では $M_{\mathrm{BB}'}=0$）。

$$M_{\mathrm{BB}'}=\frac{2EI}{l}(2\theta_{\mathrm{B}}-3R_{\mathrm{BB}'})=0 \quad \Rightarrow \quad \theta_{\mathrm{B}}=\frac{3}{2}R_{\mathrm{BB}'} \tag{3}$$

$$M_{\mathrm{B}'\mathrm{B}}=\frac{2EI}{l}(\theta_{\mathrm{B}}-3R_{\mathrm{BB}'})=-\frac{3EI}{l}R_{\mathrm{BB}'} \tag{4}$$

$$Q_{\mathrm{BB}'}=-\frac{M_{\mathrm{BB}'}+M_{\mathrm{B}'\mathrm{B}}}{l}=\frac{3EI}{l^2}R_{\mathrm{BB}'}=\frac{3EI}{l^3}u \tag{5}$$

次に、図2に示すトラス部材 CD について考える。トラス部材の軸方向力と伸びひずみに関する関係は 02 項で説明されている（軸方向力＝断面積×ヤング係数×伸びひずみ）。水平変位が u であることから、トラス部材の伸びを考え、部材力と関係づける。

部材 CD の材軸方向のひずみは次のように表される。

$$\varepsilon_{\mathrm{CD}}=\frac{u\sin\alpha}{l_1} \tag{6}$$

したがって、軸方向力は次式となる。

$$N_{\mathrm{CD}}=AE\varepsilon_{\mathrm{CD}}=\left(\frac{AE}{l_1}\sin\alpha\right)u \tag{7}$$

その水平成分としての力は、次のように得られる。

$$Q_{\mathrm{CD}}=N_{\mathrm{CD}}\sin\alpha=\left(\frac{AE}{l_1}\sin^2\alpha\right)u \tag{8}$$

次に、図3に示すトラス部材 CE について考える。部材 CE の材軸方向のひずみは、次のように表される。

$$\varepsilon_{\mathrm{CE}}=-\frac{u\sin\alpha}{l_1} \tag{9}$$

したがって、軸方向力は次のように得られる。

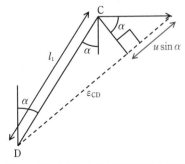

図2　水平変位によるトラス部材の伸び

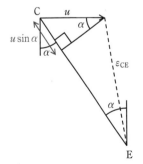

図3　水平変位によるトラス部材の縮み

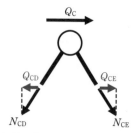

図4　トラス部材の水平分担力と部材の軸方向力の関係

$$N_{CE} = AE\,\varepsilon_{CE} = -\left(\frac{AE}{l_1}\sin\alpha\right)u \tag{10}$$

その水平成分としての力は、次式のように求められる。

$$Q_{CE} = N_{CE}\sin\alpha = -\left(\frac{AE}{l_1}\sin^2\alpha\right)u \tag{11}$$

図4に示すトラス部材の水平分担力と部材の軸方向力の関係から、次式が成立する。

$$Q_C = Q_{CD} - Q_{CE} = \left(\frac{2AE}{l_1}\sin^2\alpha\right)u = \left(\frac{2AE}{l}\sin^2\alpha\cos\alpha\right)u \tag{12}$$

以上から、図1の水平力 P と水平変位 u の関係が次のように求められる。

$$P = Q_{AA'} + Q_{BB'} + Q_C = \left(\frac{12EI}{l^3} + \frac{3EI}{l^3} + \frac{2AE}{l}\sin^2\alpha\cos\alpha\right)u \tag{13}$$

上式より、水平変位 u が次のように求められる。

$$u = \frac{P}{\dfrac{12EI}{l^3} + \dfrac{3EI}{l^3} + \dfrac{2AE}{l}\sin^2\alpha\cos\alpha} \tag{14}$$

この u を(2)、(5)、(12)式に代入することで、各要素の負担水平力が求められる。また、$\dfrac{Q_{AA'}}{u}$、$\dfrac{Q_{BB'}}{u}$、$\dfrac{Q_C}{u}$ を求めると、それぞれの構造形式の水平移動剛性が得られる。

2 計算例②：不静定構造としての交叉梁の解析

　次に、図5のような、長さが l で同じで、それぞれの中点で交叉する梁1と梁2から構成される交叉梁について考える。両方の梁は緊結されているものとする。交叉梁を構成する単純梁自身は静定構造であるが、交叉して使用されると不静定構造となる。

　曲げ剛性 EI、長さ l の単純梁の中央に鉛直集中荷重 P が作用したときの中央のたわみは、23項でモールの定理を用いて導いたように $v_c = \dfrac{Pl^3}{48EI}$ となる。したがって、この単純梁の中央荷重と中央たわみに関する剛性（中央荷重／中央たわみ）は $\dfrac{48EI}{l^3}$ となる。交叉梁を構成する単純梁の断面2次モーメントは、梁1については I、梁2については $2I$ とする。したが

って、梁1と梁2の剛性比は1：2である。このとき、梁1は$\frac{P}{3}$の荷重を負担し、梁2は$\frac{2P}{3}$の荷重を負担する。したがって、梁1の支点反力は$\frac{P}{6}$、梁2の支点反力は$\frac{P}{3}$となる。

3 構造力学の問題の主な解法

　最後に、構造力学に関する問題の主な解法についてまとめる。02項で述べたように、構造力学の問題を構成する主要な3条件として、①力の釣合い条件、②変形の適合条件、③材料構成則がある。多くの問題は、図6に示す考え方により解くことが可能である。構造物の形状や材料構成則が複雑な場合には、構造物を多数の要素に分割して解析する有限要素法（Finite Element Method：FEM）等を用いて解くことができる。その際にも、本書で解説した方法はその基礎をなすと期待される。

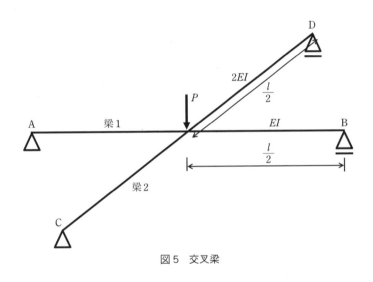

図5　交叉梁

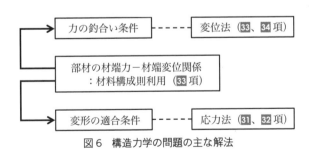

図6　構造力学の問題の主な解法

03 （1）バリニオンの定理を用いて右図の2つ
の力を合成し、大きさを付して図示せよ。

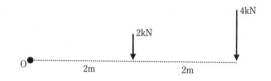

（2）平行ではない2つの力の合成法を繰り返し
用いて、右図の3つの力を合成せよ。

06 下図に示す単純梁、片持梁、ゲルバー梁の支点反力を求めよ。

（1）　　　　　　　　　　　　　　　　　　　（2）

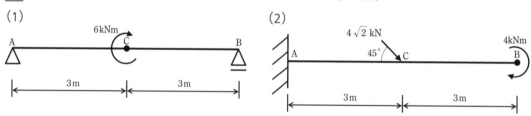

（3）

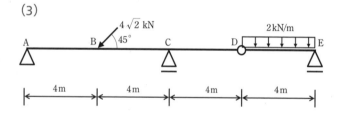

07 下図に示す門型ラーメン、3ヒンジラーメンの支点反力を求めよ。

（1）　　　　　　　　　（2）　　　　　　　　　（3）

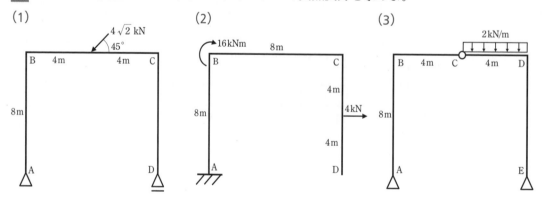

08 図(a)に示す単純梁の支点反力を求め、断面力図（N、Q、M図）を描け。

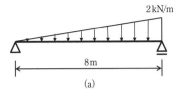
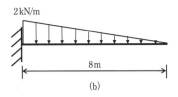

09 **08**の図(b)に示す片持梁の支点反力を求め、断面力図（N、Q、M図）を描け。

10 右図に示すゲルバー梁の支点反力を求め、断面力図（N、Q、M図）を描け。

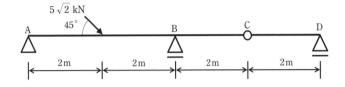

11 図(a)に示す門型ラーメンの支点反力を求め、断面力図（N、Q、M図）を描け。

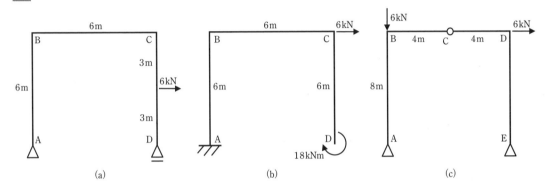

12 **11**の図(b)に示す門型ラーメンの支点反力を求め、断面力図（N、Q、M図）を描け。

13 **11**の図(c)に示す3ヒンジラーメンの支点反力を求め、断面力図（N、Q、M図）を描け。

17 図(a)に示す静定トラスの部材力を節点法を用いて求めよ。

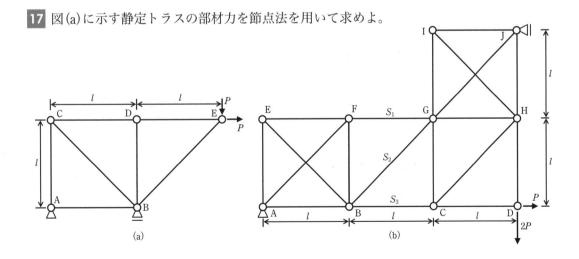

18 **17** の図(b)に示すトラスの部材力 S_1、S_2、S_3 を切断法を用いて求めよ。

19 (1) 図(a)、(b)の下端から図心までの距離 y_0 を求めよ。

(2) 図(c)の図心を通る z 軸回りの断面2次モーメントを求めよ。

(3) 図(d)の上端に沿う C_1 軸回りの断面2次モーメント I_{C_1} と図心を通る C_0 軸回りの断面2次モーメント I_{C_0} を求めよ。図(d)は本文 **19** 項の図4(b)(p.77)と同じである。

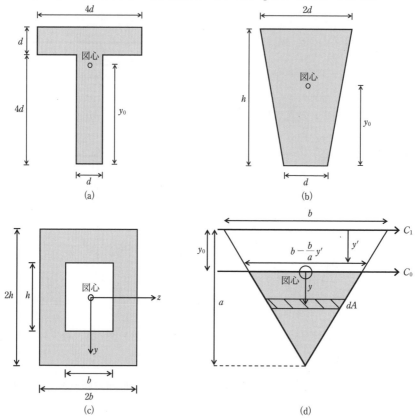

20 図に示す長方形断面（幅 $b = 0.6$m、せい $h = 1.0$m）を有する単純梁と片持梁について、●と▲印の点（断面の上下縁）における垂直応力を求めよ。

(1)   (2)

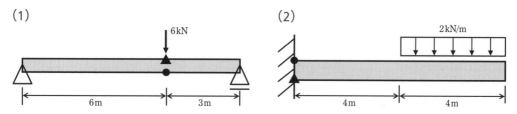

21 次ページの図に示す長方形断面（幅 $b = 0.6$m、せい $h = 1.0$m）を有する単純梁と片持梁について、●印の点（断面の図心）におけるせん断応力を求めよ。

(1)

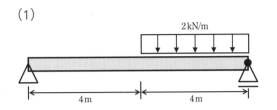

(2)

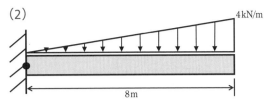

22 下図に示す長方形断面（幅 $b = 0.6\mathrm{m}$、せい $h = 1.0\mathrm{m}$）を有する単純梁と片持梁について、●と▲印の点（断面の上下縁）における垂直応力を求めよ。

(1)

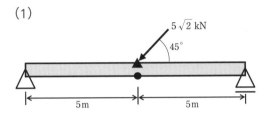

(2)

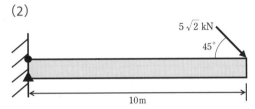

23 右図に示す曲げ剛性 EI の単純梁について、モールの定理を用いて両端A、Cでのたわみ角とD、B点でのたわみを求めよ。

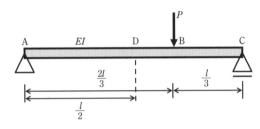

24 右図に示す曲げ剛性 EI の単純梁について、モールの定理を用いてA端でのたわみ角とC点でのたわみを求めよ。

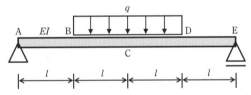

25 右図に示す曲げ剛性 EI の片持梁について、モールの定理を用いてB点でのたわみ角とたわみを求めよ。

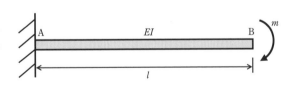

26 右図に示す曲げ剛性 EI の片持梁について、モールの定理を用いてD端でのたわみ角とたわみを求めよ。

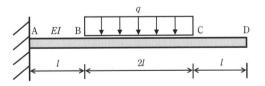

27 たわみ曲線の微分方程式 $M = -EIv''$ を積分する方法を用いて、次ページの図の単純梁と片持梁のたわみ角およびたわみを求めよ。

（1）両端でのたわみ角と C 点でのたわみ

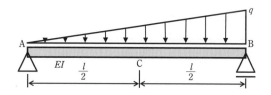

（2）両端でのたわみ角と中央点、荷重作用点
でのたわみ角およびたわみ

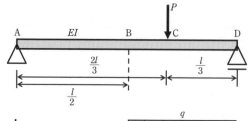

（3）先端におけるたわみ角とたわみ

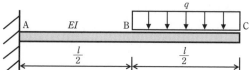

28 右図に示す曲げ剛性 EI の両端固定梁
のたわみ曲線 v を、微分方程式 $EIv'''' = q$ を
積分することにより求めよ。

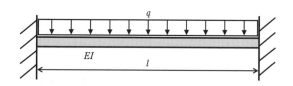

29 （1）本文 **29** 項の図 3（p.118）の回転ばねで支持された剛体棒の座屈荷重を求めよ。

（2）偏心軸力 P が作用する直線部材について、P と座標 x におけるたわみ v の関係を偏心距離 e
を含む形式で求めよ。
また、中央点でのたわ
みを求めよ。

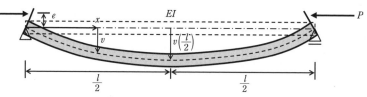

31 図（a）に示す連続梁を応力法を用いて解き、曲げモーメント図、せん断力図を描け。また、
支点反力を求めよ。

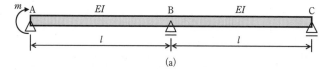

(a)

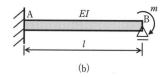

(b)

32 **31** の図（b）に示す一端固定・他端ローラー支持の不静定梁を応力法を用いて解き、曲げモー
メント図、せん断力図を描け。また、支点反力を求めよ。

33 図（a）に示す連続梁を変位法を用いて解け。

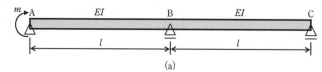

(a)

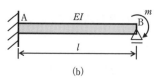

(b)

34 **33** の図（b）に示す一端固定・他端ローラー支持の不静定梁を変位法を用いて解け。

35 図(a)に示す両端固定梁の塑性崩壊荷重を求めよ。

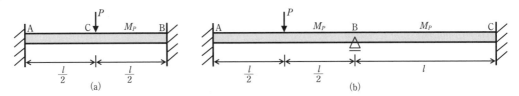

36 **35**の図(b)に示す連続梁の塑性崩壊荷重を求めよ。

37 右図に示す肘型ラーメンの塑性崩壊荷重を求めよ。

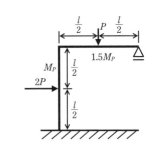

39 右図に示す単純梁について、荷重作用点の鉛直変位を
単位仮想荷重法を用いて求めよ。

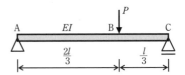

40 右図に示す肘型ラーメンについて、C点の水平変位と
回転角を単位仮想荷重法を用いて求めよ。

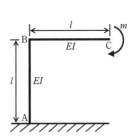

42 図(a)に示す連続梁をたわみ角法を用いて解き、曲げ
モーメント図を描け。また、支点反力を求めよ。

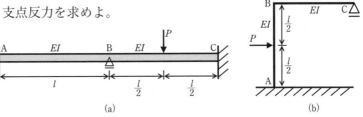

43 **42**の図(b)に示す肘型ラーメンをたわみ角法を用いて解き、曲げモーメント図を描け。
また、支点反力を求めよ。

45 本文**45**項の図5 (p.183)の交叉梁において、梁2の長さを梁1の2倍の$2l$とし、断面2
次モーメントを梁1の8倍の$8I$としたときのA、B、C、D点の支点反力を求めよ。ただし、
長さが2倍になってもその中点で梁1と緊結されているものとする。

03 (1) $x = 10/3$ m　　(2) F_1 と F_2 の作用線を延長し、交点を求める。F_1 と F_2 の合力 $F_1 + F_2$ を求める。$F_1 + F_2$ と F_3 の作用線を延長し、交点を求める。$F_1 + F_2$ と F_3 の合力 $F_1 + F_2 + F_3$ を求める。

06 (1) $H_A = 0$、$V_A = -1$ kN、$V_B = 1$ kN　　(2) $H_A = -4$ kN、$V_A = 4$ kN、$M_A = -16$ kNm

　　(3) $H_A = 4$ kN、$V_A = 0$、$V_C = 8$ kN、$V_E = 4$ kN

07 (1) $H_A = 4$ kN、$V_A = 6$ kN、$V_D = -2$ kN　　(2) $H_A = -4$ kN、$V_A = 0$、$M_A = -32$ kNm

　　(3) $H_A = 1$ kN、$V_A = 2$ kN、$H_E = -1$ kN、$V_E = 6$ kN

08 $H_A = 0$、$V_A = 8/3$ kN、$V_B = 16/3$ kN、$N = 0$、$Q = 8/3 - x^2/8$ kN、$M = 8x/3 - x^3/24$ kNm

09 $H_A = 0$、$V_A = 8$ kN、$M_A = -64/3$ kNm、$N = 0$、$Q = x^2/8$ kN、$M = -x^3/24$ kNm

10 $H_A = -5$ kN、$V_A = V_B = 2.5$ kN、$V_D = 0$

11 $H_A = -6$ kN、$V_A = -3$ kN、$V_D = 3$ kN

12 $H_A = -6$ kN、$V_A = 0$、$M_A = -54$ kNm

13 $H_A = -3$ kN、$V_A = 0$、$H_E = -3$ kN、$V_E = 6$ kN

17 $N_{AB} = P$、$N_{AC} = 2P$、$N_{BC} = -2\sqrt{2}\,P$、$N_{BD} = 0$、$N_{BE} = -\sqrt{2}\,P$、$N_{CD} = 2P$、$N_{DE} = 2P$

18 $S_1 = -2P$、$S_2 = -2\sqrt{2}\,P$、$S_3 = 2P$

19 (1) (a) $y_0 = 3.25d\,(= 13d/4)$　　(b) $y_0 = 5h/9$　　(2) $I = (5/4)\,bh^3$　　(3) $I_{C_1} = a^3b/12$、$I_{C_0} = a^3b/36$

20 (1) $\sigma_{max} = \pm 120$ kN/m²　　(2) $\sigma_{max} = \pm 480$ kN/m²

21 (1) $\tau_{max} = 15$ kN/m²　　(2) $\tau_{max} = 40$ kN/m²

22 (1) $\sigma = 116.7$ kN/m²、-133.3 kN/m²　　(2) $\sigma = 508.3$ kN/m²、-491.7 kN/m²

23 $\theta_A = 4Pl^2/81EI$、$\theta_C = 5Pl^2/81EI$、$v_D = 23Pl^3/1296EI$、$v_B = 4Pl^3/243EI$

24 $\theta_A = 11ql^3/6EI$、$v_C = 19ql^4/8EI$

25 $\theta_B = ml/EI$、$v_B = ml^2/2EI$

26 $\theta_D = 13ql^3/3EI$、$v_D = 14ql^4/EI$

27 (1) $v(l/2) = 5ql^4/768EI$

　　(2) $v_I'(0) = 4Pl^2/81EI$、$v_{II}'(0) = 5Pl^2/81EI$、$v_1'(l/2) = 5Pl^2/648EI$、$v_1(l/2) = 23Pl^3/1296EI$、

　　　　$v_1'(2l/3) = -2Pl^2/81EI$、$v_1(2l/3) = 4Pl^3/243EI$

　　(3) $\theta_C = 7ql^3/48EI$、$v_C = 41ql^4/384EI$

28 $v(x) = (qx^4/24 - qlx^3/12 + ql^2x^2/24)/EI$

29 (1) $P_{cr} = k/l$　　(2) $v(x) = e\{\tan(kl/2)\sin kx + \cos kx - 1\}$、$v(l/2) = e\{\sec(kl/2) - 1\}$

31 $M_B = m/4$、支点反力：$V_A = -5m/4l$、$V_B = 3m/2l$、$V_C = -m/4l$

32 $M_A = m/2$、支点反力：$M_A = m/2$、$V_A = -3m/2l$、$V_B = 3m/2l$

33 $\theta_A = 7ml/24EI$、$\theta_B = -ml/12EI$、$\theta_C = ml/24EI$、支点反力（左から）：$-5m/4l$、$3m/2l$、$-m/4l$

34 $\theta_B = ml/4EI$、支点反力：$M_A = m/2$、$V_A = -3m/2l$、$V_B = 3m/2l$

35 $P_{cr} = 8M_P/l$

36 $P_{cr} = 8M_P/l$

37 $P_{cr} = 2M_P/l$

39 $v_B = 4Pl^3/243EI$

40 $u_C = ml^2/2EI$、$\theta_C = 2ml/EI$

42 $\theta_B = Pl^2/64EI$、$M_{AB} = Pl/32$、$M_{BA} = Pl/16$、$M_{BC} = -Pl/16$、$M_{CB} = 5Pl/32$

　　支点反力：$M_A = Pl/32$、$V_A = -3P/32$、$V_B = P/2$、$M_C = 5Pl/32$、$V_C = 19P/32$

43 $\theta_B = Pl^2/32EI$、$R_{AB} = 11Pl^2/192EI$、$M_{AB} = -13Pl/32$、$M_{BA} = -3Pl/32$、$M_{BC} = 3Pl/32$、$M_{CB} = 0$

　　支点反力：$M_A = -13Pl/32$、$H_A = -P$、$V_A = -3P/32$、$V_C = 3P/32$

45 A、B、C、Dとも支点反力は $P/4$

著者略歴

竹脇 出（たけわき いずる）
京都大学教授。1957 年生まれ。京都大学大学院工学研究科建築学専攻修士課程修了。
工学博士。京都大学助手、助教授を経て 2003 年京都大学教授。2023 年から京都美術
工芸大学教授（予定）。建築構造力学 I、II 担当（京都美術工芸大学）。2019 ～ 2021
年日本建築学会会長。2022 年日本建築学会名誉会員。Frontiers in Built Environment
（スイス）編集長。建築構造に関する学術論文および英文著書など多数執筆。

新谷謙一郎（しんたに けんいちろう）
京都美術工芸大学講師。1991 年生まれ。京都大学大学院工学研究科建築学専攻博士
課程修了。博士（工学）。建築構造力学 I、II、III 担当（京都美術工芸大学）。

本書に関する最新情報を下記 URL よりご覧いただけます。
https://book.gakugei-pub.co.jp/gakugei-book/9784761528416/

スタンダード　建築構造力学

2023 年 3 月 31 日　第 1 版第 1 刷発行

著　者 ········· 竹脇　出・新谷謙一郎

発行者 ········· 井口夏実

発行所 ········· 株式会社 学芸出版社
　　　　　　　〒 600-8216
　　　　　　　京都市下京区木津屋橋通西洞院東入
　　　　　　　電話 075-343-0811
　　　　　　　http://www.gakugei-pub.jp/
　　　　　　　E-mail info@gakugei-pub.jp

編　集 ········· 井口夏実・森國洋行

Ｄ Ｔ Ｐ ········· 村角洋一デザイン事務所

装　丁 ········· ym design（見増勇介＋関屋晶子）

印　刷 ········· 創栄図書印刷

製　本 ········· 山崎紙工

Ⓒ竹脇出・新谷謙一郎 2023　　　　　　　　　Printed in Japan
ISBN 978-4-7615-2841-6

ステップアップ建築構造力学

大田和彦 著

A5判・268頁・本体3000円＋税

構造力学は大事な学問であるとわかっていても、内容を理解することは容易ではない。本書は、一級建築士試験の出題範囲を意識して内容を吟味・厳選し、簡潔でわかりやすい文章と2色刷の見やすいイラストで解説。基礎から応用まで豊富な問題358問のほか、基本数学の知識も掲載した。学習のレベルアップを支えるテキスト。

解きながら学ぶ 構造力学

塚野路哉 著

B5変判・208頁・本体2800円＋税

一級建築士・二級建築士をめざす初学者が、問題を解きながら力学の基本を身につけるワークブック式入門テキスト。公式の成り立ちなど原理的な内容を簡潔に押さえ、「基本問題」「その解法手順の解説」「練習問題」を主軸とした。力学の全体像と各項目の関連性、重要な公式を繰返し確認しながら、100問以上の問題を解いて学ぶ。

図説 建築構造力学

浅野清昭 著

B5変判・200頁・本体2800円＋税

力学の基礎から、ラーメン架構や塑性解析までを四則計算のみで解いていける、構造力学初学者のための入門書。「力」を人の体やスパナに置き換えたやさしいイラストで徹底図解しつつも、不静定構造までを網羅し丁寧に解説することで、一級建築士受験にも対応。解けるだけでなく「力の流れ」を見通すことができるようになる一冊。

図説 鉄筋コンクリート構造

島﨑和司・坂田弘安 著

B5変判・168頁・本体2800円＋税

鉄筋コンクリート構造の基本的な内容について、約200点の図表でまとめた入門教科書。鉄筋コンクリート造が成り立つわけ、鉄筋コンクリート部材の構造性能、断面算定の基本について理解することを目標に、「なぜそうなるのか」「どのようにして算定するのか」を解説する。建築を目指す学生にとって必要な基本的知識を網羅。

ディテールから考える構造デザイン

金箱温春 著

B5変判・240頁・本体3800円＋税

住宅から公共建築まで、多くの著名建築家と協働する構造家の設計手法に初めて迫る。代表作41作品を建築的な課題とそれに応える計画プロセスに沿い、多数の写真・詳細図・スケッチで詳解。必ずしも特殊な架構技術に頼らず、一般的な技術でバランス良く解かれた接合部のデザインが構造計画全体、ひいては建築の質をも決めている。

構造設計を仕事にする　思考と技術・独立と働き方

坂田涼太郎・山田憲明・大野博史ほか 編著

四六判・272頁・本体2400円＋税

安全とデザインを両立させ、理論を土台に建築を創造する仕事。その思考と技術、修業時代から独立、働き方まで、構造家の素顔を活躍中の16人に見る。難しい計算の仕事だけではない、建築家と協働し美しい架構を見出した時のワクワク感、安全への使命感、チームワークの醍醐味と達成感が味わえる。構造設計の世界へようこそ。